LES
ACCIDENTS DE MER

PAR

EMMANUEL LISSIGNOL

INGÉNIEUR DE L'ÉCOLE IMPÉRIALE DES MINES,
ANCIEN INGÉNIEUR DE PLUSIEURS ATELIERS DE CONSTRUCTION
ET DE PLUSIEURS COMPAGNIES DE NAVIGATION A VAPEUR.

PARIS

ARTHUS BERTRAND
LIBRAIRIE MARITIME ET SCIENTIFIQUE
RUE HAUTEFEUILLE, 21.

Janvier 1860.

LES

ACCIDENTS DE MER

LES
ACCIDENTS DE MER

NÉCESSITÉ D'UNE RÉFORME DANS LA POLICE MARITIME

PAR

EMMANUEL LISSIGNOL

INGÉNIEUR DE L'ÉCOLE IMPÉRIALE DES MINES,
ANCIEN INGÉNIEUR DE PLUSIEURS ATELIERS DE CONSTRUCTION
ET DE PLUSIEURS COMPAGNIES DE NAVIGATION A VAPEUR.

PARIS

ARTHUS BERTRAND

LIBRAIRIE MARITIME ET SCIENTIFIQUE

21, RUE HAUTEFEUILLE.

Janvier 1860.

1860

Les naufrages ont été le sujet d'un grand nombre de récits effrayants et de légendes poétiques. Ces malheurs ont eu souvent le privilége de captiver l'attention et d'exciter un intérêt passionné, par l'attrait du merveilleux et du terrible, par les aventures extraordinaires de beaucoup de victimes. En présence des forces naturelles longtemps inconnues dont l'intensité se révélait pendant le trouble local et momentané de l'équilibre ordinaire, l'impuissance humaine devait d'abord être admise absolue et irrémédiable. La superstition attribua les sinistres maritimes à la colère divine; le scepticisme et l'ignorance en firent le résultat constant du hasard. Aussi général que tenace, ce dernier préjugé n'a pas encore disparu, et il explique en partie l'absence presque complète des mesures de sécurité devenues indispensables à la navigation.

Pour qu'on s'occupât d'assurer une protection légitime à la vie des marins et des passagers, il fallait d'abord qu'on l'appréciât à sa juste valeur. Il était nécessaire ensuite de détruire l'opinion établie sur la cause des accidents de mer. La science seule pouvait le faire, en démontrant qu'il existait des moyens de se mettre à l'abri des tempêtes et de braver la mer la plus menaçante. Mais son influence elle-même ne pouvait être efficace qu'à la condition de se généraliser. Les progrès de nos connaissances restent enfermés longtemps dans un cercle restreint d'hommes éclairés. Il faut bien des années pour que les idées les plus rationnelles et les plus simples se répandent dans les masses et portent tous les fruits qu'on peut attendre de leur application.

Durant une longue période, le commerce a été une exception, une industrie si peu répandue qu'elle ne pouvait réclamer un intérêt sérieux et soutenu de la part des populations occupées à fonder leur nationalité, à créer leur législation intérieure et leur organisation civile. La marine marchande telle que nous l'entendons aujourd'hui est d'origine récente; elle date du xve et du xvie siècle, pendant lesquels des découvertes nombreuses apportèrent un élément considérable de transformation à notre vieille Europe. Le grand commerce apparut alors. Mais les principes exclusifs, résultats des préjugés du temps, limitèrent le développement de la navigation et le nombre des intérêts qui lui étaient attachés. Une époque qui avait imaginé l'esclavage des noirs, détruit les races indigènes de l'Amérique, ne pouvait s'inquiéter beaucoup des naufrages. D'ailleurs la science était encore à faire. La police maritime n'eut d'autre rôle que de donner la chasse aux pirates, plutôt pour défendre les cargaisons que pour sauver les hommes.

Depuis la fin du siècle dernier, le monde est entré dans une phase nouvelle.

A travers les oscillations inévitables occasionnées par la lutte des intérêts qui se cramponnent au passé et des intérêts nouveaux qui réclament la prépondérance, on aperçoit une marche rapide et irrésistible vers un but final qu'on peut soupçonner, sans le définir exactement. Un impérieux besoin d'expansion s'est emparé de tous les peuples civilisés, de ceux même qui tenaient le plus à vivre et à mourir sur le sol qui les avait vus naître. Les conquêtes de l'esprit philosophique, l'observation plus impartiale des phénomènes sociaux, rendue possible par une longue paix, ont produit des résultats immenses. On a compris les bienfaits de relations libres et faciles, la nécessité d'abaisser au plus tôt ces derniers obstacles aux échanges, légués par les traditions d'un autre âge. L'apparition de la vapeur a surexcité ces dispositions générales. La fréquence et la rapidité des communications ont réagi sur les causes même qui les avaient produites.

Des lignes postales à grande vitesse sont établies de tous côtés sur l'Océan ; des entreprises gigantesques vont réunir des mers jusqu'ici séparées, et les chemins de fer, qui se soudent entre eux peu à peu, formeront bientôt sur chaque continent le réseau distributeur des grandes routes maritimes. La navigation devient un des éléments indispensables à la prospérité et à la puissance des peuples. Les gouvernements se préoccupent des conséquences futures d'un mouvement qui se prononce avec énergie, et ils font de louables efforts pour s'en approprier le bénéfice, en provoquant par tous les moyens dont ils disposent l'extension de leurs échanges, l'accroissement de leurs transactions. Des milliers de voyageurs et de marins, des valeurs énormes en marchandises fournissent un aliment sans cesse croissant à plus de cent mille navires.

Dans les vingt-deux dernières années, le mouvement maritime est passé, pour la France, de 1.072.968 tonneaux à 6.693.000 ; pour l'Angleterre, il a été de 23.180.000 tonneaux en 1857, contre 9.440.000 en 1840.

Le danger des naufrages ou des accidents n'est donc plus

le partage exclusif d'un petit nombre de personnes qui consentent à s'y exposer; c'est une menace pour l'existence de chacun. Désormais, la nécessité de prévenir des désastres trop nombreux est autre chose qu'une simple question de philanthropie spéculative, c'est une question d'intérêt général.

Cependant partout la police maritime est encore très insuffisante pour protéger les passagers et la marchandise contre l'ignorance, l'incurie ou la rapacité de beaucoup d'armateurs et de capitaines. Au milieu des discussions soulevées par les graves intérêts de la navigation et des études persévérantes dont ils ont été l'objet, on n'a pas assez songé qu'une des mesures les plus essentielles pour augmenter la prospérité de la marine marchande était d'assurer la sécurité et d'inspirer la confiance.

Sans doute, chez les nations civilisées, la pression de l'opinion publique et les idées consacrées par les mœurs atténuent souvent les conséquences d'une législation défectueuse, surtout quand il s'agit de la vie des hommes, tandis que la brutalité rend les désastres plus atroces dans les pays moins avancés. Mais la moralité générale nous paraît une garantie indirecte insuffisante pour préserver le marin et le voyageur des périls étrangers à l'intempérie des éléments. Il existe heureusement des compagnies et des propriétaires honorables qui s'inquiètent de leurs navires, et qui, par un calcul bien entendu, apportent tous leurs soins à prévenir des malheurs : ils méritent notre reconnaissance, car ils font le bien sans y être forcés. Mais faut-il abandonner la sécurité publique aux hasards de l'intérêt individuel? Le premier devoir de la société n'est-il pas de se défendre contre les dangers possibles de la négligence, de l'incapacité ou du crime? Que d'accidents, que de naufrages une bonne loi aurait pu prévenir! Les cheveux se dressent en pensant aux horreurs qui devaient être rendues impossibles! A bord, le capitaine est maître souverain et absolu, il est *maître après Dieu*, comme disent les connaissements. Mais c'est à peine s'il est quelquefois moralement responsable de sa conduite. On admet sans conteste ses rapports, alors même qu'ils seraient faux ou que l'évidence la plus flagrante démontrerait sa culpabilité. La responsabilité du commandant est bien écrite dans les lois des peuples civilisés, mais elle est presque toujours illusoire! Le capitaine peut arguer de la force majeure, et on s'inquiète bien rarement de discuter ses assertions.

N'y a-t-il pas une inconséquence manifeste dans la jurisprudence admise? A terre, on se préoccupe des moindres détails, on formule des lois minutieuses sur les chemins de fer pour garantir la propriété et la vie des voyageurs, pour châtier sévèrement le moindre écart, la moindre négligence des employés de tout grade. On fait remonter la responsabilité civile et pénale jusqu'aux chefs des administrations, et on les rend responsables des fautes d'agents subalternes. Le plus faible accident amène une enquête, et presque toujours on en découvre les causes. L'ignorance et l'inhabileté même sont punies. Sans ces règlements, nous pourrions avoir des craintes fondées chaque fois que nous mettons le pied dans un convoi.

Sur mer on s'arrête au dire d'un seul homme. Les vagues ont tout englouti, l'abîme est fermé, n'en parlons plus! Le tranquille miroir des eaux devenues paisibles semble écarter jusqu'au souvenir des fautes qui reposent dans leurs profondeurs! A Dieu ne plaise que j'aie la plus petite intention d'attaquer le courage malheureux, d'amoindrir la grandeur de nobles caractères qui ont lutté sans succès contre les tempêtes; mais il est trop vrai, dans beaucoup de cas, que savoir perdre à propos son bâtiment, se tirer avec avantage d'une difficulté légale sont des titres à la confiance. Employer un navire qu'on sait mauvais, mal armé, quelquefois même incapable d'arriver à bon port, charger un navire outre mesure, exposer à la mort un équipage ou des passagers ignorants du danger qui les menace, ce sont des peccadilles, cela passe pour de l'habileté commerciale. Les coupables n'ont rien à craindre. La justice ne trouve pas une seule remontrance, la morale publique une seule manifestation de dégoût quand ces mêmes hommes reçoivent d'armateurs indulgents le commandement de nouveaux navires.

Beaucoup font le mal sans le savoir ; à quoi bon s'éclairer quand on s'expose simplement à une perte d'argent dans les cas les plus défavorables? L'assurance payera, dit-on ; puis on oublie. De quel droit admet-on que sur mer une prime payée à des assureurs doive excuser l'ignorance ou absoudre l'infamie, et la couvrir contre les investigations de la loi pénale?

Croit-on que les débris des naufrages ne parlent pas une langue éloquente à ceux qui savent lire, et qu'il soit impossible de les interroger? Trop de fois ils portent une accusation formelle, et il suffit de les examiner pour entendre la voix de la justice qui demande une réparation. Le métier des marins est-il donc aussi impénétrable que celui des sorcières d'autrefois, et doit-on se retirer avec respect devant quelques mots d'une langue spéciale bizarre, qui semble en imposer aux plus audacieux.

Je fais appel au sentiment public, à tous les hommes de cœur. Peut-on conserver un semblable état de choses? N'est-il pas urgent d'appeler sur ces abus l'attention des gouvernements et l'intervention du pouvoir législatif?

Je ne me dissimule pas les inconvénients qu'il y a pour une plume inexpérimentée à traiter un sujet aussi délicat que le mien et qui touche à des intérêts si nombreux. C'est une conviction appuyée sur l'expérience et le raisonnement qui me conduit à publier cette brochure. Pour être complet, pour discuter la question sous toutes ses faces, j'aurais dû être long; plusieurs volumes seraient devenus nécessaires et mon but eût été manqué. J'ai voulu réunir dans quelques pages des faits et des principes saillants propres à faire réfléchir la personne la plus étrangère à cet ordre d'idées. La nécessité de dire beaucoup en peu de mots a donné peut-être une forme trop rude et trop absolue à ma pensée; elle m'a certainement enlevé l'avantage d'adoucir la vérité sous des circonlocutions du style parlementaire. Le caractère dramatique des faits, l'entraînement irrésistible des sentiments qui en résultent ont pu rendre mes appréciations un peu sévères et me faire employer quelquefois des termes un peu vifs. Malgré tout le soin que j'ai pris pour éviter des paroles irritantes sans affaiblir les preuves, il est possible que je froisse quelques amours-propres. Je prie le lecteur d'être indulgent. La grandeur et l'importance de la cause me feront pardonner, je l'espère, des erreurs qui ne sont pas préméditées; mes intentions sont exemptes de tout parti pris, de toute mesquine animosité. Quand il s'agit d'une question de principes, il n'y a plus d'attaque personnelle.

En cherchant à montrer ce qu'il y avait de bon chez les Anglais, je n'ai point voulu méconnaître leurs défauts ni rabaisser ma patrie; je désire, au contraire, que la France

profite de beaux exemples que lui donnent nos habiles voisins. C'est par un parallèle accentué que j'ai essayé d'éveiller
non pas sa jalousie, mais son émulation. Je m'estimerais
heureux si je pouvais contribuer, pour ma faible part, à
réveiller l'attention de mes concitoyens, et à provoquer
chez eux quelques sérieux efforts pour encourager et perfectionner leur marine. Une contrée qui possède plus de
600 lieues de côtes, qui est à cheval sur deux mers et qui
semble placée tout exprès comme l'intermédiaire indispensable entre l'Europe et le nouveau monde, une nation dont
le génie scientifique n'est dépassé par celui d'aucune autre;
cette nation ne peut rester inférieure dans une industrie
nécessaire au maintien de son influence. Si elle n'y prend
garde, d'autres s'efforceront de recueillir ce qu'elle aura
dédaigné, et il sera trop tard ensuite pour combattre les
résultats d'une désastreuse indifférence.

LES
ACCIDENTS DE MER.

I.

En demandant l'intervention de la loi dans la surveillance de la navigation, on pourrait croire que nous réclamons une chose inutile ou impossible et que nul précédent n'autorise. Les amis de la liberté commerciale nous accuseront peut-être de faire intervenir l'État dans des questions qui doivent lui rester étrangères, d'arriver par nos conclusions à un système vexatoire incompatible avec le développement de la marine marchande, d'apporter un nouveau surcroît d'obstacles à ceux déjà trop grands qui entravent l'essor des échanges internationaux. Nous ne combattons point leurs croyances, nous désirons au contraire qu'elles reçoivent une application large et progressive; mais l'intérêt général et l'intérêt particulier ont et doivent avoir une limite légitime, celle nécessaire à leur existence simultanée et à leur protection réciproque. Sans ce principe, il n'y a pas d'égalité véritable entre les hommes ; la loi n'a d'autre but que de le faire respecter. Dès que la législation dépasse cette mission d'équilibre, elle ne peut avoir que des conséquences funestes, soit en éteignant chez les uns le sentiment de leur responsabilité, parce qu'elle les garantit aux dépens des autres contre leur propre faute ; soit en écrasant chez les masses la dignité personnelle, la conscience des droits et des devoirs. Loin de nous toute idée de pousser à un système qui produirait de semblables effets. Il n'entre point dans notre pensée de substituer une responsabilité collective illusoire à la responsabilité individuelle, le plus efficace de tous les moyens pondérateurs. Nous voulons rendre cette responsabilité sérieuse pour chacun, au profit de lui-même et de la société ; nous prétendons laisser à chacun toute liberté, à la condition de ne pas nuire à celle d'autrui.

Il est probable qu'on ne nous contestera pas un principe aussi généralement accepté. Dans l'application seule se trouvent les difficultés. Les hommes sont assez disposés à appeler despotique toute mesure qui gêne l'omnipotence de leurs intérêts et de leur liberté pour protéger les intérêts des autres. De là l'opposition que rencontre l'innovation dans les lois, alors même qu'elle est juste et nécessaire, surtout lorsqu'il s'agit de réduire à sa juste limite une licence jusqu'alors sans bornes, d'autant plus fructueuse qu'elle existait seulement pour un nombre moindre de privilégiés. Quel est le progrès qui n'ait pas été retardé longtemps par les intérêts attachés aux abus qu'il devait détruire? Les causes les plus mauvaises ont trouvé d'ardents et d'éloquents défenseurs. La résistance n'infirme donc point la valeur d'une réforme. Si notre principe est vrai, si nos déductions sont logiques, le temps et la nécessité doivent conduire à des mesures analogues à celles que nous demandons.

L'expropriation pour cause d'utilité publique n'a pas d'autre base. Quoiqu'elle ait passé dans les mœurs de plusieurs nations, que de passions n'a-t-elle pas soulevées dans les chambres françaises lors de la discussion du projet de loi?

Les lois sur les usines insalubres ont-elles d'autre objet que de défendre la vie des citoyens contre l'incurie ou la négligence de certains industriels? Quand le préfet de police de Paris a lancé une ordonnance pour enjoindre aux fabriques munies d'appareils à vapeur de supprimer la fumée de leurs foyers, le public a-t-il crié à l'injustice? Cependant les moyens connus d'exécuter le programme étaient alors plus qu'insuffisants. N'a-t-on pas agité la question d'interdire la préparation de la céruse dans un intérêt d'humanité? La seule cause qui ait suspendu l'adoption de cette mesure, ce n'est pas la perte inévitable pour les capitaux engagés dans cette industrie, c'est la preuve donnée que des améliorations constamment poursuivies rendaient le danger de plus en plus faible pour les malheureux ouvriers; c'est aussi la difficulté de remplacer complétement ce produit dans les arts.

Lorsque l'usage des chaudières à vapeur se fut répandu et que des accidents terribles eurent appelé de ce côté l'attention publique, le gouvernement français s'empressa d'ordonner des expériences, de nommer des commissions d'ingénieurs et de savants, qui furent chargées de trouver et de formuler les moyens de prévenir ces malheurs. La surveillance la plus stricte fut organisée, et malgré les récriminations des constructeurs, malgré les petits ennuis dont se plaignent quelques usines, ne doit-on pas reconnaître que le but a été atteint; que la sécurité des chaudières est presque complète en France; que tout accident est amené par la négligence, par l'oubli coupable des prescriptions de l'autorité?

Personne a-t-il jamais trouvé mauvais que les municipalités fissent évacuer et démolir d'office les maisons qui menacent ruine, sans prêter l'oreille aux réclamations du propriétaire?

Dans les mines, dans les usines métallurgiques, la surveillance de l'État est continuelle. Les travaux sont contrôlés par des ingénieurs spéciaux pour la sécurité des ouvriers et celle des voisins. Lorsqu'ils peuvent devenir dangereux, lorsque l'administration ne prend pas des précautions suffisantes, ils sont arrêtés à l'instant. Est-il un homme sérieux et réfléchi qui, à l'époque actuelle, puisse trouver illégitime une intervention aussi bienfaisante, qui puisse l'accuser de détruire l'initiative, d'arrêter la prospérité et le développement de l'industrie?

Le principe que nous défendons est si général, si naturel, qu'il a reçu en France, pour la marine, une première consécration par l'ordonnance royale du 17 février 1846, « con- « cernant *la construction* et *l'emploi* des bateaux à vapeur qui « naviguent sur mer. » Nous n'avons pas à discuter pour le moment la valeur théorique et pratique de ce règlement, ni la manière dont il a été exécuté ; nous y reviendrons plus loin. Il suffit de constater qu'il soumet l'usage d'un bateau à vapeur à *l'autorisation préalable* délivrée sur le rapport d'une commission de surveillance, chargée de vérifier s'il remplit toutes les conditions nécessaires au salut des passagers.

L'objection la plus sérieuse en apparence qu'on puisse produire, est l'état des choses en Angleterre. Voyez, dira-t-on, ce pays de liberté presque absolue ; les lois ont pour principe le *laisser faire;* chacun peut se livrer à ses travaux comme il lui plaît; aucun agent de l'Etat ne viendra entraver son initiative, pourvu que ses actions ne tombent pas sous le coup de la loi criminelle. L'industrie est-elle moins prospère, la sécurité moins complète dans le royaume uni qu'en France? Le succès de ce système n'est-il pas la condamnation du vôtre? Pour un observateur superficiel, la réponse paraît aisée. Il nous semble, cependant, que la question est plus complexe, et nous croyons utile de préciser les faits, pour montrer que dans ce libre pays, notre principe est celui qui domine ou tend à devenir prépondérant, par l'effet même d'une liberté industrielle et commerciale, sagement pratiquée et énergiquement défendue.

- Le sentiment de l'individualité est si fort chez la race anglo-saxonne, que la résistance contre un abus ou contre un monopole, se manifeste d'abord par une action civile tous les jours renouvelée. Mais lorsque l'obstination de la défense personnelle ne suffit plus, lorsque les lois et les tribunaux sont reconnus impuissants à garantir chaque citoyen, la conscience profonde du droit produit les coalitions, les *meetings* et toutes ces manifestations puissantes des aspirations collèctives. Si ces moyens sont encore sans succès, les pétitions se couvrent de signatures, les députés sont interpellés, sommés d'accepter un mandat impératif; des enquêtes sont ordonnées par la chambre des communes, et une loi nouvelle vient consacrer le principe protecteur.

Telle est l'origine de la loi sur les chaudières à vapeur, de la loi sur les usines insalubres, de celle qui s'applique aux exploitations houillères.

Cette dernière fut faite peu de temps après une pétition signée par trois mille mineurs et adressée au parlement. Les ouvriers énuméraient leurs griefs, ils se plaignaient de l'absence des précautions nécessaires à leur sûreté, de l'aérage insuffisant des exploitations. « L'air est à tout le « monde, — disaient-ils; — pourquoi les mineurs seraient- « ils privés d'en avoir aussi leur part? » Ils concluaient à la formation d'un corps d'inspecteurs nombreux et capables, composés d'hommes indépendants. Ils demandaient la création de jurys chargés de *faire des enquêtes sur les acci- dents.* L'acte du parlement fut rendu, et son heureuse in- fluence a déjà diminué beaucoup le chiffre proportion- nel des sinistres, partout où il a été appliqué avec sé- vérité.

En 1834, 1836 et 1838, la progression dans le nombre des naufrages fut effrayante, et la chambre des communes pressée par des pétitions, par le cri public, nomma un comité d'enquête pour rechercher la cause de ces désastres et étudier les mesures propres à les diminuer dorénavant.

Le *Blue-book* qui renferme le travail de cette commission est des plus instructifs. Voici les conclusions du rapport qui se rattachent plus particulièrement au sujet qui nous occupe dans cet article.

« Votre commission a pensé qu'il était de son devoir de « s'enquérir des questions suivantes qui semblent s'appli- « quer plus essentiellement à la sécurité de la navigation :

« 1° *De l'état des navires;*

« 2° *De la capacité des commandants et officiers.* »

(Suivent quatre autres points inutiles à rappeler ici.)

« Votre commission recommande à l'attention de la « chambre la convenance d'une enquête ainsi que la néces- « sité d'un acte du parlement qui place tous les navires à « vapeur portant des passagers, *sous la surveillance de fonc- « tionnaires spéciaux* désignés par le gouvernement.

« Votre commission a interrogé plusieurs témoins sur la « convenance d'examiner la conduite des commandants, « des officiers et des équipages des navires naufragés, et la « plupart des témoins sont favorables à un pareil examen ; « en conséquence, elle recommande que *dans tous les cas « de naufrage il soit fait une enquête sur les causes de la « perte du navire.* »

On le voit, ces bases une fois posées, il n'y avait pas un grand espace à franchir pour arriver à la loi de sécurité générale que nous réclamons. Le principe étant reconnu, les conséquences étaient inévitables, si on continuait à mar- cher dans cette voie. Mais les mesures prises par le *Lloyd* anglais sous l'action de ce mouvement étant devenues plus sérieuses et ayant obtenu une influence plus générale, on préféra laisser plus de latitude à l'industrie privée et à l'intérêt personnel des assureurs, que de rendre trop directe l'intervention du gouvernement, pour laquelle les Anglais ont une si grande répugnance. Aussi la législation nouvelle promulguée à la suite de cette enquête présentait des lacunes regrettables.

J'ai été cependant témoin d'un fait qui annonce un résultat pratique assez positif. Tout le monde comprendra la réserve qui me fait taire ici les noms propres. Je me trouvais, en mai 1858, à Southampton pour étudier quelques questions relatives à la navigation à vapeur de ce port. Un navire était sorti des bassins pour une destination qui m'est inconnue. Il paraît que son départ avait été précipité pour fuir la surveillance des agents du *Board of Trade*. Arrivé à l'entrée de la rivière, il fut reconduit au port, déchargé et *dépecé par ordre de l'autorité comme étant en trop mauvais état pour naviguer même après réparation.*

On peut conclure de ces faits, qu'en Angleterre le vrai principe de la justice est aussi, compris, pratiqué dans les limites du caractère national, et que ses applications deviennent de plus en plus nombreuses dans les lois, en dehors même de la responsabilité personnelle, qui devient tous les jours plus sérieuse par suite du progrès de l'égalité civile.

Le point de droit ne nous paraît pas contestable. Il découle naturellement des idées générales qui dominent dans le monde moderne, de celles qui font la force irrésistible de sa marche et dont le développement renferme son avenir. La société a le droit et, par conséquent, le devoir d'intervenir, afin d'empêcher qu'un citoyen, égaré par son intérêt, expose de son fait la vie et la propriété de ses semblables. Elle a le droit de le rendre responsable de ses actes, s'il parvient à éviter sa surveillance, et de le punir s'il attente à la liberté et à la sécurité publiques. Elle ne peut admettre l'excuse d'ignorance ou de bonne foi. Aucun code n'a jamais consacré une disposition aussi destructive de la protection que les lois ont pour but d'assurer. Dès qu'un homme s'adonne à une industrie, il est tenu d'en connaître les dangers et les obligations. Il est coupable s'il nuit à autrui. Des circonstances atténuantes peuvent exister ; toutes les fautes n'ont pas la même gravité. Mais dès qu'il y a calcul dans la négligence, il y a crime, la société ne peut qu'exiger une satisfaction éclatante et exemplaire.

Si le droit de répression est certain, il est toujours fâcheux d'avoir à l'exercer. Quand le mal est fait, il est triste d'être obligé de recourir aux lois pénales et d'augmenter le nombre des malheurs, dans la louable intention de les diminuer. Mieux vaut par une bonne loi préventive abaisser forcément, pour la majorité des cas, le degré des peines à infliger. Mieux vaut avoir à employer la police correctionnelle que la cour d'assises. Ces moyens sont plus en harmonie avec la civilisation moderne, avec la douceur qui se répand de plus en plus dans les habitudes des peuples.

II.

En abordant la question d'opportunité et celle de fait,
nous nous trouvons en présence d'une difficulté fâcheuse.
Rien ne serait plus utile que de pouvoir citer des exemples
nombreux et déplorables qui parleraient aux yeux et con-
vertiraient les plus incrédules. Alors même qu'ils seraient
publiés sans commentaire, les conclusions viendraient d'el-
les-mêmes et l'effet serait saisissant. Mais ce moyen nous
est interdit par la nature et l'esprit de notre travail. Nous
devons donc être sobre de faits et nous maintenir autant
que possible dans les considérations générales, au risque de
passer pour un esprit inquiet et misanthrope.

Il suffit d'avoir assisté, à l'entrée d'un port seulement,
aux scènes majestueuses d'une mer soulevée par la tempête,
pour deviner les secousses violentes, les efforts énormes que
les navires ont à supporter. La solidité des constructions,
les moyens d'action les plus perfectionnés et les plus éner-

giques, rien n'est de trop lorsqu'il s'agit de lutter contre les éléments déchaînés. On est effrayé en songeant aux faibles garanties que présente le navire en bois le mieux établi ; on est étonné qu'il puisse résister à tant d'épreuves. Personne n'ignore qu'il se déforme toujours après la mise à l'eau. Les deux extrémités, mal soutenues à cause de leur poids plus considérable que celui du volume d'eau destiné à les supporter, tombent en dessous de leur position primitive par rapport au centre. Les assemblages s'ouvrent, et le jeu qui en résulte, combiné avec la flexion longitudinale, permet une courbure de plusieurs centimètres sur la quille. Cet effet augmente avec la longueur relative, la légèreté de l'échantillon, l'insuffisance des attaches. Il s'accroît avec l'âge et la fatigue. Quelques pièces de charpente reliées par des broches métalliques, des bordages chevillés sur cette carcasse, un calfatage qui écarte les joints, la pression de la mer pour maintenir le tout, c'est là le fragile équipage auquel se confie le marin. Ce n'est point ici une hyperbole inventée pour la cause, c'est la réalité dans toute l'acception du mot. Aussi, les meilleurs navires sont exposés à des accidents funestes, que les plus grandes précautions ne suffisent pas toujours à prévenir.

Que doit-on attendre de ceux qui sont mal construits, dont les pièces sont trop faibles ou disposées sans méthode rationnelle et sans intelligence? Quelle confiance peut-on accorder à ceux dont le chevillage est imparfait, illusoire même? Tantôt les bordages du pont (formant par leur ensemble et leur liaison avec les barrots un des éléments essentiels de la solidité), sont fixés avec des *pointes de Paris* ou de méchantes vis à bois qui égratignent simplement la charpente. Ailleurs, la quille et les carlingues sont fixées par des chevilles perdues arrivant à peine aux varangues. Le bâtiment est en défaut à sa base même. D'autres fois, les gournables en mauvais bois, mal calibrées, posées sans aucun soin, dansent dans leurs trous à tous les mouvements du navire. Nous abuserions de la patience du lecteur si nous rappelions tous les faits que nous avons eu l'occasion d'observer.

Combien d'exemples on pourrait citer de bâtiments neufs qui sont de vrais paniers percés, dans lesquels les marchandises à fond de cale sont régulièrement avariées à chaque voyage par le contact de l'eau de mer qui filtre à travers les joints des bordages et de la membrure ; conséquence infaillible d'une construction vicieuse ou trop légère! Ce fait peut n'avoir aucun danger dans des circonstances ordinaires ; mais qu'il arrive une tempête, la fatigue produite par la mer peut grandir le mal tout à coup, et déterminer des voies d'eau que les pompes ne peuvent franchir. Le navire est perdu corps et biens, s'il ne peut gagner à temps un port ou s'échouer sur la côte.

S'il y a tant à surveiller sur les bâtiments neufs, que n'a-
t-on pas à faire pour contrôler ceux qui sont déjà vieux!
Outre les inconvénients qui sont inséparables de la nature
même de l'ouvrage, il faut aussi tenir grand compte de l'influence du temps et de toutes les causes de destruction qu'il
entraîne. L'avarice et la négligence se mêlent aussi de la
partie et laissent aggraver des effets désastreux qu'il eût été
facile de prévenir. Les bois pourrissent souvent à l'intérieur
et s'affaissent sur leurs assemblages. Ailleurs, les chevilles
se rongent dans leurs logements, surtout quand elles sont
en fer et qu'elles sont enfoncées dans du chêne. Le doublage en cuivre exige de la surveillance. Si on ne met pas
l'attention la plus scrupuleuse dans des visites fréquentes et
indispensables, on est exposé à laisser inaperçu un danger
qui se manifeste quelquefois subitement quand il est trop
tard pour y porter remède.

Il n'y a pas moins à dire sur les navires en fer. Un bateau
de cette espèce, convenablement construit, est un rocher
sur lequel se brisent les efforts les plus puissants des lames.
Quand les rivures sont bien faites, la force des pièces suffisante et le métal judicieusement distribué, de pareils navires
sont indestructibles, et leur solidité dépasse de beaucoup
celle des navires en bois. Nous n'avons pas un cours de
construction à développer ici, mais il importe cependant de
combattre en passant un préjugé contraire. Entre beaucoup

d'exemples de ce que je viens d'avancer, on me permettra
d'en choisir un très-saillant. Le *Tyne*, paquebot de la compagnie *Royal Mail*, échoua, il y a trois ou quatre ans, sur
les rochers de la côte d'Angleterre. Abandonné, pendant
toute la mauvaise saison, dans cette position critique, où
tout navire en bois eût été démoli pièce à pièce en peu de
jours, la coque du *Tyne* résista victorieusement. Au com-
mencement de l'été, elle fut renflouée, la machine fut répa-
rée, et aujourd'hui le *Tyne* continue son service.

L'accident arrivé au *Persia* présente également des circonstances remarquables. Ce navire en fer, muni d'un appareil de 1,000 chevaux, appartient à la compagnie Cunard.
La première année de son service, il partit un jour, quelques heures après le *Pacific*, navire en bois de la compagnie
Collins. A la hauteur de Terre-Neuve, le *Persia*, naviguant
à toute vitesse au milieu de brouillards intenses, donna sur
une énorme montagne de glace qui n'avait point été aper-
çue par l'équipage. La montagne fut coupée en deux, et le
Persia passa entre ses débris sans autre mal que la perte
de ses palettes et quelques avaries dans ses roues. Quant au
Pacific, on n'en a plus entendu parler depuis ce voyage. Il
est probable qu'il aura été coulé dans une rencontre avec
un de ces gigantesques glaçons qui descendent du pôle
dans ces parages à une certaine époque de l'année.

Dans les navires en fer, il est possible d'établir des cloisons parfaitement étanches et d'isoler ainsi, les uns des autres, les divers compartiments. Lorsqu'un abordage ou un choc contre un écueil ouvre un passage à la mer qui envahit une partie du bateau, les autres divisions peuvent alors rester à sec et maintenir le navire à flot. Ce puissant moyen de sécurité était impossible avec les navires en bois. On se souviendra longtemps de l'abordage qui eut lieu, au milieu de l'Océan, entre le paquebot transatlantique en bois *Artic* et le petit bateau à vapeur en fer, de Nantes, *la Vesta*. Ce dernier laissa son avant tout entier, jusqu'à la première cloison étanche, dans les flancs de l'*Artic;* mais, grâce à cette cloison et malgré sa construction légère, la *Vesta* put naviguer encore et rallier le port le plus prochain après une traversée de plusieurs jours.

Diverses causes ont empêché jusqu'ici qu'on donnât à la plupart des navires en fer toute la solidité dont ils étaient susceptibles. Des motifs d'économie mal entendue de la part des armateurs; le désir de vendre bon marché, souvent l'incapacité, quelquefois même, il faut le dire, l'appât d'un large bénéfice chez les constructeurs, ont produit des constructions dangereuses. Autant un navire en fer est solide et sûr quand il est convenablement exécuté, autant il mérite peu de confiance lorsqu'il est trop léger d'échantillon ou que ses liaisons sont trop faibles. Sans entrer dans les considérations théoriques de la résistance des matériaux, il est facile de citer les principales raisons. Les tôles, trop minces et mal contenues par une charpente intérieure insuffisante, tendent à fouetter et à se gondoler sous le choc des lames. Un navire dont je pourrais donner le nom, obligé de tenir la cape dans un gros temps, reçut un coup de mer qui produisit sur son avant l'effet d'un coup de poing sur un modeste chapeau de feutre. J'en connais dont le bordage ne présente pas à beaucoup près une surface unie, d'autres qui ont pris de l'arc comme les navires en bois ou qui se sont ployés sur le côté. Quand les bordages fatiguent, les rivets finissent par se cisailler; ils sortent de leurs trous ou les déforment; les joints laissent passer l'eau, et le navire devient innavigable. Ces effets se manifestent parfois brusquement sous l'influence d'un violent coup de tangage, et s'ils sont trop prononcés le navire court le risque de sombrer. Un bateau à vapeur s'est perdu ainsi dans le golfe de Gascogne il y a deux ans environ. Lorsque la rivure est mauvaise ou mal soignée, que les corps des rivets ne remplissent pas des trous irrégulièrement percés, les plus forts équarrissages des pièces deviennent inutiles, car les divers éléments de la coque ne sont plus invariablement liés entre eux et prennent des jeux alarmants, dont les conséquences sont identiques à celles qui précèdent. Le danger est encore plus grand si la faiblesse de l'échantillon se combine avec la mauvaise rivure.

J'ai été moi-même, par un très-gros temps, sur un vapeur qui appartenait à cette dernière catégorie. Les murailles fléchissaient à chaque lame, et le navire se contractait ou s'étirait à mesure qu'il montait ou descendait sur les vagues : on l'aurait dit essoufflé par un exercice aussi pénible. Je ne répondrais pas que cette pauvre coque ne fût destinée à faire périr, un jour ou l'autre, équipage et passagers. Cependant elle continue à naviguer, et il n'y a pas une loi, pas une autorité pour prévenir un malheur presque certain.

Enfin les cloisons étanches, qui sont une des innovations les plus heureuses, une condition importante de sécurité, sont très-souvent inefficaces ; leur bonne exécution est chère, elle demande des soins particuliers et minutieux ; aussi sont-elles généralement mal attachées, dépourvues de résistance et incapables de servir au moment où elles deviendraient nécessaires.

Une série d'accidents funestes, dont nous venons de résumer les causes, ne pouvait que jeter de la défaveur sur le système des constructions en fer. Le public, accoutumé à juger sommairement les questions, en a conclu que les bâtiments de cette sorte étaient plus dangereux que ceux en bois, et beaucoup de gens ont soutenu qu'il fallait y renoncer par prudence. Ce préjugé est d'autant plus regrettable qu'il tendrait à proscrire le seul moyen possible de réaliser de grandes choses ; il ne peut que retarder les progrès nécessaires aux tendances de la civilisation générale, arrêter le développement du commerce universel.

La conservation des navires en fer est facile, plus simple même que celle des navires en bois ; mais elle exige aussi de l'attention. Les tôles trop faibles ou les rivures mal faites peuvent fatiguer aux assemblages ; il importe d'arrêter le mal avant qu'il se propage d'une pièce à l'autre. Le fer peut s'user vite sous l'influence des courants galvaniques, surtout dans les bassins et au voisinage de carènes doublées en cuivre. L'intérieur des cales se ronge sous l'action des eaux corrosives qui peuvent s'y accumuler et des matières végétales ou minérales qu'elles tiennent en suspension. La propreté intérieure et extérieure obtenue par des grattages fréquents et une peinture bien entretenue, le soin de maintenir toujours le fond de la cale sec, suffisent pour prévenir beaucoup d'accidents et conserver indéfiniment au navire toute sa solidité primitive. Cependant on oublie très-souvent ces précautions, parce qu'elles entraînent quelques dépenses ou un chômage de quelques jours.

La défectuosité des coques n'est pas le seul inconvénient à redouter. L'armement exige aussi la surveillance la plus active. La mâture, le gréement, la voilure, les ancres et les chaînes, les pompes, les machines motrices, les cartes et les instruments nautiques, tout doit être en bon état pour seconder les efforts du marin. Sans doute, les défauts et les dégradations y sont plus visibles que dans les coques, et il est par là même plus difficile de les négliger. Les matelots et les officiers ont, sur ce chapitre, des connaissances plus étendues que pour la construction proprement dite. Dans l'intérêt même de leur vie, ils regardent de plus près un gréement et un armement dont ils se servent tous les jours et qui se trouvent constamment sous leurs yeux; mais malheureusement beaucoup de parties sont en dehors de leur appréciation, et malgré leur importance elles souffrent de la même absence de soins que les coques. Les armements et les machines présentent trop souvent de graves défauts ou des lacunes impardonnables. Pour une misérable économie, on se joue de la vie des hommes. Je connais des navires affectés à des services réguliers de voyageurs dont les machines ne marchent que par miracle et pour lesquelles des accidents sont à craindre tous les jours. Parce qu'un malheur n'arrive pas à la première traversée, on s'endort dans une sécurité trompeuse.

Les câbles et les mâts se pourrissent, les machines et les chaudières s'usent, les diverses parties de l'armement subissent les mêmes influences. Que de fois on fait servir un objet d'armement jusqu'à ce qu'il tombe de vétusté ou qu'une avarie majeure achève de le mettre complétement hors de service !

III.

Nos lecteurs, s'ils n'ont pas beaucoup vécu avec les arma-
-teurs et les marins, doivent supposer que tous les soins
nécessaires sont toujours observés, que l'intérêt même des
propriétaires ou des équipages doit prévenir des négli-
gences, que nous exagérons pour remplir du papier. Il n'en
est rien, cependant, le mal est invétéré, plus répandu qu'on
ne pense.

Quelque dangereux que soit un métier, ceux qui l'exer-
cent sont disposés à manquer de prudence. On s'accou-
tume au danger qu'on affronte tous les jours. Les maçons
sont très-enclins à établir de mauvais échafaudages ; les
mineurs allument leurs pipes au milieu du gaz explosible
des houillères. Les efforts continuels des ingénieurs, les
punitions les plus sévères ne suffisent pas pour mettre un
obstacle à ces folies. Les marins font de même. Une confiance aveugle, ou un amour-propre inutile, presque tou-

jours absurde, les pousse fatalement à une insouciance dont ils ne comprennent pas le plus souvent la portée. Les vieux loups de mer partiront sur un navire que le plus vulgaire bon sens commanderait de laisser au port. « J'en ai vu bien d'autres, » disent-ils. Les mécaniciens se conduisent de la sorte dans leurs machines. Les grandes compagnies, dans lesquelles la surveillance est le mieux organisée, ont bien de la peine à se défendre contre leur incurie et leur paresse. Je laisse à penser comment vont les choses sur les navires où ils sont maîtres dans leur cale, où ils ne peuvent être contrôlés que par un armateur et un capitaine sans connaissance aucune de leur métier.

Les officiers eux-mêmes se laissent gagner par cette maladie de négligence, quand ils ne sont pas continuellement stimulés par l'ambition de l'avancement ou par des punitions. L'insouciance du marin est proverbiale. Trop souvent, le désir de s'acquérir de la réputation ou de gagner la confiance, engage de jeunes officiers à faire une campagne sur des navires que l'autorité devrait arrêter.

Le brick *Élisa* partit d'Anvers avec des passagers pour Batavia, sous le commandement du capitaine Beckman. Le navire, vieux et fatigué, inspirait de vives inquiétudes à cet audacieux marin, mais il en avait accepté la charge pour se faire connaître par un tour de force. A la hauteur du Brésil, ne pouvant plus dissimuler aux passagers une dislocation trop visible, le capitaine Beckman les réunit sur le pont et leur annonça que, pour éviter la plus petite tempête, il doublerait le Cap à quelques centaines de lieues au large. « Nous serons cinquante jours de plus en mer, leur dit-il, « mais nous arriverons à bon port. » En effet, l'*Élisa* entrait à Batavia après 182 jours de traversée et était immédiatement condamné, sur la demande formelle du capitaine, non pas pour être vendu, mais pour être brûlé. Que d'exemples analogues et moins heureux on pourrait accumuler !

Nous devons admettre que l'intérêt de leur propre conservation est une garantie bien faible pour les équipages. La société ne peut se reposer sur eux de la surveillance qu'elle doit réclamer pour eux-mêmes, comme pour les passagers.

Du côté des armateurs il y a bien des raisons pour que le matériel soit inférieur ou mal entretenu. En général, les connaissances des négociants sur les constructions et l'art nautique sont très-limitées. Il ne suffit pas de posséder une maison pour être architecte, ou d'aller en chemin de fer pour être ingénieur. Aussi les armateurs, abandonnés à leurs propres ressources et à celles de leurs capitaines qui souvent n'ont pas une instruction spéciale beaucoup plus étendue, sont continuellement exposés à acheter de mauvais navires, tout en ayant les meilleures intentions du monde. Si le constructeur auquel ils s'adressent, appartient à la catégorie dont nous aurons à parler bientôt, ils courent grand risque de se fourvoyer.

Dans beaucoup de pays on comprend aussi très-mal les opérations de longue haleine, et on croit faire une spéculation favorable en mettant le moindre prix possible pour un navire d'une jauge déterminée. On se préoccupe peu des réparations et de l'entretien, des chômages qui en sont la conséquence ; toutes choses qui augmentent dans une progression rapide, à mesure que la qualité du bâtiment est plus médiocre. D'ailleurs, les assurances maritimes rendent inutiles des précautions à ce sujet. Quand un commerçant possède un navire, il trouve toujours à l'assurer, bon ou mauvais, vieux ou neuf, soit dans le port même, soit à l'étranger. La rivalité mal entendue, l'imprudence de certains assureurs rendent toujours cette opération facile. Avec cette certitude, un propriétaire n'a pas besoin de bien entretenir son bâtiment, il a même intérêt à laisser aller les choses. Si l'entretien était convenable, les avaries seraient en général légères et n'atteindraient pas la franchise ; le propriétaire devrait payer de sa poche. Avec un entretien médiocre ou nul, les avaries sont plus graves, et les réparations les plus considérables peuvent être faites aux frais des assureurs.

Jusqu'ici il n'y a qu'un peu d'habileté. Mais les combinaisons de la mauvaise foi atteignent de plus amples proportions. Lorsqu'un navire se perd, la bourse de l'armateur est à l'abri. Comme la valeur assurée dépasse souvent la valeur réelle, un naufrage peut devenir une opération lucrative qui permet, soit de construire un navire supérieur au précédent, soit de liquider une entreprise onéreuse. Quant aux marins ou aux passagers, s'ils se noient, tant pis! Le capitaine, du reste, a parfois la précaution de se perdre à propos. Sur 1.153 naufrages ou accidents constatés en 1856 sur les côtes d'Angleterre, 246, c'est-à-dire 23 pour 100 environ, ont eu lieu par des temps superbes. Le chiffre est officiel. (*Abstract of returns on wrecks and casualties. — Blue-books, vol. XVI*, 1857.)

Ailleurs, la manœuvre arrive à la hauteur d'un arbitrage préparé de longue main. Paul achète pour une somme minime un mauvais navire pour porter une cargaison au loin, dans un port X, connu pour la facilité qu'on y trouve à exécuter ses projets. Le navire est assuré par Pierre ou Jacques, peu importe. On a même soin de faire l'assurance après le départ pour que personne ne songe à s'informer du navire. Arrivé au port X, le capitaine déclare au consul son navire hors d'état de tenir la mer sans réparations. On assemble des experts; les prêteurs à la grosse reçoivent le mot d'ordre. Impossible de réparer; le navire est condamné, l'assureur paye. Paul rachète sous main le navire; les réparations sont devenues tout à coup possibles, et le navire regagne un port d'attache pour recommencer la même série d'opérations. Qu'on ne m'accuse pas d'exagérer, il y a des navires qui ont servi plusieurs fois à ce tour d'escamotage.

Enfin, la dernière des causes de défectuosité que nous ayons à signaler, n'est pas moins digne d'être étudiée.

« Nous nous proposons, en traitant de la construction des
« vaisseaux, disait *Bouguer*, dans l'introduction de son
« œuvre capitale *, de substituer, s'il se peut, des règles
« exactes et précises aux pratiques obscures et tâtonneuses
« qui sont en usage dans la marine. Outre qu'il s'agit du
« salut et de la conservation des marins, jamais les hommes
« n'ont travaillé à aucun ouvrage où il soit nécessaire d'une
« connaissance plus profonde des forces mouvantes, où il
« s'agisse d'intérêts plus importants, où le physique se
« trouve plus mêlé avec le géométrique..... » Ces paroles d'un maître sont encore d'une application fréquente. En dehors des marines militaires, où la science et une pratique éclairée existent réellement, à part un nombre restreint d'hommes instruits qui ont créé le progrès dans une partie de la marine commerciale, l'architecture navale et la construction des machines sont peu connues par un grand nombre de ceux mêmes qui en font profession. Pendant que

* *Traité du navire, de sa construction et de ses mouvements.*
1746, Ant. Jombert, libraire du roi, rue Dauphine, à l'image de Notre-Dame.

les nécessités du trafic exigeaient des navires plus rapides,
d'une dimension toujours croissante, de proportions aussi
nouvelles que variées, on continuait à travailler presque
partout avec les vieilles règles des maîtres charpentiers.
Transmises régulièrement de père en fils, et formulées à la
longue de la manière la plus bizarre, ces règles constituent
encore par leur ensemble une sorte de doctrine cabalistique,
analogue à l'alchimie des magiciens du moyen âge. Si la
généralité des constructeurs s'étaient pénétrés des principes
acquis à la science, ils auraient eu un guide rationnel et
certain dans leurs observations pratiques. La marine marchande aurait progressé d'un pas plus sûr et plus rapide.
La théorie paraît une spéculation oiseuse à ceux qui ne la
possèdent pas assez pour en apprécier l'utilité. Mais, quoi
qu'en disent ses détracteurs, elle marque une route certaine
à celui qui sait en profiter. Avec l'instruction scientifique,
on ne perd plus son temps à de vaines recherches, on n'at-
tribue plus une importance majeure à des procédés sans valeur, malgré les réclames du charlatanisme. Sans doute, il
est difficile aujourd'hui d'établir des règles mathématiques
complètes pour l'art des constructions navales, mais nos connaissances actuelles suffisent cependant à fournir un grand
nombre de principes généraux, dont il est difficile de s'écarter sans commettre des fautes graves, malheureusement trop
fréquentes dans tous les pays. Le plus petit inconvénient de

ces erreurs est de causer des dépenses inutiles ; souvent elles exposent la vie des hommes.

Il n'est donc pas étonnant qu'avec une semblable organisation du matériel maritime, les résultats déplorables se soient multipliés et continuent à enrichir, d'année en année, le martyrologe de la race humaine.

IV.

L'Angleterre est le seul pays où l'on dresse une statistique
raisonnée des naufrages et des accidents arrivés dans le
voisinage des côtes. Chaque année, le *Board of Trade* envoie
au parlement un rapport détaillé dans lequel les accidents
de toute nature sont classés suivant leurs causes; il y joint
le résultat des enquêtes sur chacun de ces faits avec les mesures disciplinaires prises par le gouvernement. Il est regrettable que ces statistiques ne s'étendent qu'à une partie
restreinte des mers, aux côtes du royaume uni. La surveillance y est assez grande pour rendre plus difficiles qu'au
loin certains procédés véreux. Aussi, ces tableaux doivent
présenter les choses sous un jour plus favorable que ceux
qui seraient dressés pour le monde entier. Néanmoins, ils
méritent d'être connus, car, même dans ces conditions, ils
sont instructifs. Je prends ceux qui ont été publiés, pour
l'année 1856, dans le XVe volume du *Blue-books* de 1857,
et j'en extrais ce qui suit :

Le nombre des navires perdus a été de....... 419
Le nombre des navires avariés a été de....... 734

Total 1.153

Ces 1.153 navires portaient 10.014 marins et jaugeaient 229.936 tonneaux. 884 d'entre eux appartenaient à la marine britannique. Sur un total de 25.115 navires enregistrés dans le royaume uni, il y en a donc eu 3,5 pour 100 ayant donné lieu à des accidents, sur les seules côtes de l'Angleterre.

2,764 vies ont été mises en péril et 521 perdues. Ce dernier chiffre représente 18,85 pour 100 des marins exposés à un danger dans les 884 accidents qui portent sur la marine britannique, et 5,2 pour 100 des équipages montés sur les 1.153 navires.

Navires abandonnés à cause de leur incapacité à tenir la mer.. 54
Navires coulés par suite d'incapacité à tenir la mer... 37

Le rapport donne un chiffre total de 362 navires perdus ou avariés pendant le mauvais temps, sans spécifier la cause des accidents. Je ne crois pas exagérer en prenant moins du tiers de ce chiffre pour représenter le nombre des sinistres qui n'auraient pas eu lieu si le matériel eût été bon....... 100

Total des accidents dus au mauvais état des navires.. 191

Accidents dus à des compas défectueux ou à de mauvaises cartes.......... { navires perdus. 8 / navires avariés. 11

Total......... 19

Accidents dus à l'insuffisance des chaînes, câbles et ancres ; en général, de moyens d'attache........................ { navires perdus. 10 / navires avariés. 20

Total......... 30

240

C'est donc 240 accidents, ou 21 pour 100 du nombre total de malheurs, qu'il faut attribuer au défaut de construction, d'entretien ou d'armement. Si de pareils chiffres sont de mise en Angleterre, que doit-il se passer dans les pays éloignés ?

V.

Comme on a toujours songé aux intérêts pécuniaires avant de tenir compte de la vie humaine, ce sont les capitaux qui ont pensé les premiers à mettre un frein au débordement des désastres. Les armateurs ont d'abord senti la nécessité de l'assurance, puis, les assureurs ont éprouvé le besoin de se défendre contre les sinistres réitérés dont ils étaient les victimes. On pouvait consentir à accepter les chances de la mer, mais il fallait se garer de celles qui étaient le fait de la mauvaise foi. Pour diminuer les chances de perte, les assureurs ne devaient prendre de risques que sur de bons navires. Il fallait donc connaître le mérite respectif des divers bâtiments, tenir un registre exact, renfermant sur chacun d'eux des notes rédigées par les experts qui l'auraient visité. Un pareil travail était impossible pour un assureur isolé, à cause des frais considérables qu'il demandait. Une industrie spéciale se chargea de le réaliser, et le *Shipping register* anglais fut fondé à Londres en 1763. Mais il n'a été, pendant 70 ans, qu'une ébauche informe, presque sans valeur. En 1829, un assureur d'Anvers, M. Auguste Morel, frappé d'une lacune si importante pour les intérêts qu'il avait à défendre, jeta les bases du *Veritas* français. Cette institution fut perfectionnée successivement par lui-même et par son successeur, M. Charles Bal. Quelques années plus tard, en 1834, le *Lloyd* anglais perfectionnait aussi son *Shipping register*, organisait son réseau de surveillance, et les enquêtes du parlement venaient donner une nouvelle force à son autorité morale.

En publiant ainsi des appréciations sur la valeur individuelle de chaque navire, on espérait atteindre un double but. Le premier, celui d'éclairer les assureurs dans le choix de leurs risques, n'est que d'une importance secondaire dans la question qui nous occupe. Le second entre au contraire directement dans notre sujet : c'était d'enlever aux mauvais navires la confiance des chargeurs et des passagers, afin de les forcer à disparaître en leur ôtant toute raison d'existence. Ces efforts ont eu un heureux succès, surtout en Angleterre, où l'esprit d'association et l'énergie individuelle produisent des résultats immenses. Combinée avec l'action du *Board of Trade* et l'appui du parlement, la pression de l'opinion publique a successivement développé les effets obtenus. Peu à peu, les armateurs ont dû se soumettre en grand nombre à la visite des experts du *Lloyd*, et à l'observation des règles de construction qu'ils imposaient. Sans cette précaution, leurs navires ne seraient pas cotés au *Shipping register*, et leur fret serait difficile à trouver dans beaucoup de cas.

En France, les conséquences du *Veritas* ont été grandes, quoique le caractère national rendît l'entreprise plus difficile. Nous n'en devons que plus de gratitude aux hommes qui ont fondé et poursuivi avec persévérance une œuvre aussi éminemment utile et morale.

Mais, si l'influence de ces registres est très-loin d'avoir été inefficace, il faut reconnaître cependant que leur action n'a pas été assez forte pour arrêter complétement le mal. Il existe, même en Angleterre, une quantité considérable de navires qui se passent très-bien de la cote du *Lloyd*; ils se font assurer aisément à l'étranger et vont chercher du fret hors de leur pays où chargent pour le compte de leurs propres armateurs. D'autres parviennent à se faire assurer en Angleterre par de petites compagnies. J'ai vu, il y a peu de temps, un navire de cette catégorie que le *Lloyd* avait refusé de classer, dont les assureurs d'Écosse avaient pris le risque, et qui avait *même transporté des troupes pour le compte du gouvernement*. Preuve irrécusable de l'insuffisance des intérêts privés pour remplacer les lois et leur sanction pénale!

En France, les armateurs de mauvais bâtiments n'ont pas besoin de recourir à autant de précautions que les Anglais, ils trouvent à les assurer dans le pays avec une déplorable facilité.

Les experts du *Lloyd* anglais et du *Veritas* français ne sont pas toujours des hommes capables, ayant des connaissances étendues sur la construction navale et la navigation. Il est vrai qu'ils sont censés astreints à faire observer des règlements minutieux, rédigés par un comité et adoptés par leurs directeurs. Mais choisis, en général, parmi les capitaines de la marine marchande qui ne veulent ou ne peuvent plus naviguer, et médiocrement payés, ils ne sauraient toujours présenter des garanties d'instruction suffisantes. Leur qualité d'agents particuliers, leur caractère commercial, ne les mettent pas assez à l'abri des abus. Leur visite ne peut avoir lieu que du consentement des armateurs, et ce sont précisément les mauvais navires ayant intérêt à se cacher qui échappent à l'inspection.

Il est aussi très-difficile de forcer les navires à subir une visite nécessaire avant chaque départ et après chaque arrivée. En admettant même que la chose fût possible, le nombre limité des experts n'y suffirait pas, ou les frais seraient au-dessus des moyens d'une compagnie particulière. Une surveillance, qui ne peut être exercée qu'à de longs intervalles, s'étendant presque toujours à plusieurs années, doit paraître souvent illusoire à tout esprit sérieux. Si elle répond aux besoins des assureurs, elle ne peut donner cette sécurité que les gouvernements sont dans l'obligation impérieuse d'exiger.

VI.

La législation française à l'endroit du matériel naval est
assez laconique, surtout pour les navires à voiles. L'art. 225
du code de commerce dit :

« Le capitaine est tenu, avant de prendre charge, de faire
« visiter son navire aux termes et dans les formes prescrits
« par les règlements. » Mais, ces règlements sont exécutés
avec beaucoup d'indulgence, et, quant à leurs résultats,
nous ne croyons pas qu'ils aient jamais empêché le plus
inoffensif des abus que nous voulons combattre. Le capitaine
fait signer ses papiers ; le gendarme monte à bord pour
les vérifier et pour s'assurer qu'aucun fugitif n'est dissimulé
sous un amas de cordages ; le préposé des douanes vient
fureter au point de vue de la contrebande ; puis le navire
part.

Personne, si ce n'est quelquefois les experts du *Veritas*,
ne s'avise de regarder dans la cale. Quelque vénération que

nous soyons disposé à avoir pour le mérite et le zèle des divers agents de la force publique, on nous permettra de douter de leur compétence en fait de construction ou d'armement. L'art. 225 paraît, cependant, reconnaître le principe que nous défendons, et il suffirait pour justifier une nouvelle loi qui consacrerait des mesures de sécurité très-nécessaires.

On a fait un pas de plus pour les bateaux à vapeur, par la promulgation de l'ordonnance royale du 17 janvier 1846.

Mais en parcourant ce document, on est immédiatement convaincu qu'il a été rédigé plutôt dans le but de prévenir les dangers relatifs aux chaudières et aux machines, que pour écarter ceux provenant des bateaux eux-mêmes. Il est seulement le corollaire de l'ordonnance du 22 mai 1843 qui avait pour objet de régler sur terre l'emploi des chaudières à vapeur. Tandis qu'on a minuté de la manière la plus précise les dispositions à adopter pour les chaudières et les machines, dans un titre entier composé de 37 longs articles subdivisés en paragraphes, le matériel naval proprement dit n'a pas l'honneur d'une simple section. Voici à quoi se bornent les stipulations relatives à cette partie des bateaux, au moins aussi importante que l'appareil moteur :

« *Titre* 1er, *section II, art.* 5. La commission de surveil-
« lance visitera le bateau à l'effet de s'assurer : 1° s'il est
« construit avec solidité, s'il réunit les conditions de stabi-

« lité nécessaires pour la navigation maritime, et si l'on a
« pris toutes les précautions requises pour le cas où il serait
« destiné à un service de passagers.

« *Titre 1er, section III, art.* 10. Dans le permis de navi-
« gation seront énoncés :

. . . .

« 2° La hauteur de la ligne de flottaison rapportée à des
« points de repère invariablement établis à l'avant, à l'ar-
« rière et au milieu du bateau.

. . . .

« 8° Le nombre des embarcations ainsi que les agrès
« et les instruments nécessaires à la navigation maritime,
« dont le bateau devra être pourvu.

« *Titre IV, art.* 48. Les commissions de surveillance.....
« visiteront les bateaux au moins tous les trois mois, et cha-
« que fois que le préfet le jugera convenable.

« Les membres de ces commissions pourront en outre
« faire individuellement des visites plus fréquentes.

« *Art.* 50. La commission adressera au préfet procès-
« verbal de chacune de ces visites. Dans ce procès-verbal,
« elle consignera ses propositions sur les mesures à pren-
« dre, si l'appareil moteur ou le bateau ne présente plus
« de garanties suffisantes.

« *Art.* 51. Sur les propositions de la commission de sur-
« veillance, le préfet ordonne, s'il y a lieu, la réparation

« ou le remplacement de toutes les pièces de l'appareil mo-
« teur ou du bateau dont un plus long usage présenterait
« des dangers. »

Ces énoncés sont très-généraux, et si les agents chargés
de les faire exécuter étaient des hommes spéciaux, instruits
et consciencieux, du caractère de ceux qui sur terre sont
chargés de la surveillance des usines, s'ils étaient exclusivement occupés de cet important contrôle, ils auraient usé de
la latitude même laissée par la loi, et les résultats auraient
pu être considérables.

Mais il faut remarquer d'abord que quand une loi est
aussi générale, qu'elle se contente de renfermer le germe
de toutes les bonnes idées, elle n'est que rarement appliquée ; elle tombe en désuétude et n'est plus qu'une vaine
formule.

En second lieu, il suffira de citer la composition d'une
des commissions chargées de faire exécuter la susdite ordonnance, pour faire comprendre la manière dont elle
doit être mise en pratique. Ainsi, dans un des premiers
ports de France la commission se compose ainsi qu'il suit :

3 ingénieurs des ponts et chaussées ;
Le commissaire de l'inscription maritime ;
Le directeur et le capitaine du port ;
Un capitaine au long cours ;
Un conducteur des ponts et chaussées.

(Annales des mines, 3ᵉ livraison de 1858.)

Tous ces messieurs sont très-respectables, et nous ne mettons pas en doute l'habileté de chacun d'eux dans sa carrière. Mais que dirait-on si pour faire surveiller les travaux d'une mine de charbon, par exemple, on créait le comité suivant :

MM. Paul, directeur de l'enregistrement et des domaines;
    Jean, commissaire de police ;
    Pierre, marchand de charbon ;
    Jacques, directeur de l'usine à gaz ;
    Jules, commis des douanes.

Le public rirait et il n'aurait pas tort. Il est vrai que dans certains ports les commissions renferment des hommes plus au courant des constructions navales, mais les mauvais navires à vapeur y sont tout aussi nombreux. C'est piquant, mais c'est notoire. L'explication de ce curieux phénomène est du reste très-simple. Presque tous les membres des commissions se dispensent de remplir leur mandat, même aux premiers essais des bateaux, parce que leurs fonctions sont gratuites et qu'ils doivent vaquer à leurs propres affaires avant de s'occuper de celles des autres. Ils signent de confiance les procès-verbaux de visite dressés par leurs collègues. Les visites trimestrielles ou individuelles, n'ont jamais existé que dans la loi. L'ingénieur des mines ou celui des ponts et chaussées représente ordinairement seul la commission. Il examine, en effet, les chaudières et

les appareils de sûreté qui y sont adaptés ; son intervention pour ce point spécial est parfaitement suffisante. Mais
comme il connaît peu les machines de mer et les navires, il
ne peut apprécier ce qu'il y a de défectueux sous ce rapport. Si on le suppose accompagné d'un capitaine au long
cours ou d'un commissaire de l'inscription, je doute qu'il
soit sensiblement éclairé par ce concours.

Quant aux constructeurs qui font partie des commissions,
il est difficile qu'ils apportent des entraves à la malfaçon.
Ce serait gâter le métier ou desservir un confrère La plupart du temps ils auraient à se contrôler eux-mêmes.

La meilleure preuve de l'inanité presque complète de ce
règlement, c'est que je puisse citer les exemples dont j'ai
déjà parlé ; ce sont les sinistres fréquents qui n'ont d'autre
cause que le mauvais matériel. Un préfet empêcha-t-il jamais le départ d'un mauvais navire ? Avez-vous jamais entendu parler d'une réparation faite d'office ? N'y aurait-il
que les équipages de sacrifiés, il nous semble que la vie de
ces hommes vaut bien celle des autres, et qu'ils ont droit
comme les passagers à la protection des lois, plus encore
peut-être puisqu'ils passent leur vie sur la mer.

L'insuffisance d'une semblable organisation est si visible,
qu'elle a été complétement écartée sur terre, et que la surveillance des appareils à vapeur et des usines a été exclusivement réservée à un corps éminent par sa science, son

impartialité et sa loyauté, celui des ingénieurs des mines.

Que l'on compare maintenant ce qui précède avec les prescriptions de la loi sur les chemins de fer (du 15 novembre 1846). Tout un service d'ingénieurs est chargé du contrôle et veille avec une extrême vigilance à la stricte observation des plus simples détails. Deux titres composés de 22 articles très-longs et très-précis, obligent les compagnies à entretenir leur voie et leur matériel avec le plus grand soin. Non-seulement la loi soumet l'usage d'une partie quelconque de leur propriété à un examen préalable du contrôle qui est toujours très-sévère, mais elle exige qu'on tienne un *état de service pour chaque locomotive, pour chaque essieu de chaque voiture.* Elle donne au ministre le pouvoir de prescrire d'office les réparations et l'entretien que réclameraient les ingénieurs de l'État, si les compagnies n'obtempéraient pas aux injonctions de ces fonctionnaires. De leur côté, les compagnies, pénétrées de leurs devoirs et de leur responsabilité, emploient comme directeurs de leurs travaux et de leur matériel des ingénieurs instruits et habiles qui secondent et préviennent même, les soins que demandent leurs collègues, chargés de les surveiller.

Grâce à ces mesures, dont personne ne songe à se plaindre, les accidents sont rares et la sécurité très-grande.

Aux États-Unis, où chacun fait à sa guise, d'effroyables catastrophes viennent à chaque instant remplir les journaux. Il y a peu de jours encore, un pont construit *avec économie*, s'affaissait sous un convoi qui était précipité tout entier dans la rivière. Un seul voyageur s'est échappé sain et sauf. Cependant, il y avait bien des mois que la compagnie connaissait le danger d'un semblable accident. Mais « *nevermind go ahead* » elle avait fermé les yeux et les oreilles.

En France, on a fait la loi sur les chemins de fer, parce que tout le monde les emploie et tient à sa vie. On s'est peu occupé de la marine, parce qu'il n'y a que les marins et les émigrants qui mettent le pied sur des navires ! Le Français bien né ou favorisé de la fortune ne s'expose pas en général sur un élément aussi perfide que la mer. Quand on se fait marin, on doit savoir à quoi l'on s'expose ! C'est le dernier mot de l'indifférence nationale. Si Paris était un port de mer, si, si... les choses iraient différemment.

La législation anglaise sur la marine marchande s'est ressentie de l'enquête que nous avons déjà mentionnée. Dès 1844 un acte du parlement (5 et 6 Victoriæ, caput 107) prescrivait la surveillance des navires de toute sorte destinés au transport des passagers. L'article 42 de cette loi encore en vigueur donnait aux agents du *Board of Trade* le pouvoir d'apprécier si le navire était en état de tenir la mer. En 1845 un nouvel acte (8 et 9 Victoriæ, caput 89) destiné à réglementer l'enregistrement et le jaugeage des navires, portait à l'article 8 une disposition remarquable :

« Si aucun navire enregistré sous l'autorité de cet acte ou
« d'un acte quelconque, *est estimé* ou déclaré être disloqué
« ou hors d'état de tenir la mer, ou incapable d'être ren-
« floué ou réparé à l'avantage des propriétaires... ce navire
« sera réputé perdu ou brisé, à toutes les intentions et à
« toutes significations de cette loi, et il ne pourra jamais

« prétendre aux priviléges d'un navire anglais pour aucun
« but de commerce et de navigation. »

Bien et dûment appliqué, cet article pouvait empêcher
un propriétaire de faire payer frauduleusement son navire
par l'assurance et de le racheter ensuite pour s'en servir de
nouveau. Il pouvait aussi permettre au *Board of Trade* de
retirer les papiers à un navire reconnu dangereux et empêcher par là même son emploi.

Plusieurs actes du parlement, dont nous donnons les titres, furent successivement promulgués. On verra par leur
nombre et surtout en les lisant, les efforts croissants du
gouvernement anglais pour mettre un terme aux abus que
lui avaient révélés les enquêtes de la chambre des communes.

9 et 10 Victoriæ, caput 99. An act for consolidating and
amending the laws relative to wreck and salvage — 28 août
1846.

9 et 10 Victoriæ, caput 100. An act for the regulation of
steam navigation and for sea going vessels to carry boats —
28 août 1846.

11 et 12 Victoriæ, caput 81. An act for the further regulation of steam navigation.

12 et 13 Victoriæ, caput 33. An act for regulating the
carriage of passengers in merchant vessels — 13 juillet
1849.

12 et 13 Victoriæ, caput 29. An act to amend the laws in force for the encouragement of British shipping and navigation.

12 et 13 Victoriæ, caput 93. The mercantile marine act — 14 août 1850.

14 et 15 Victoriæ, caput 69. The mercantile marine act amendement act — 7 août 1851.

14 et 15 Victoriæ, caput 79. Steam navigation act — 7 août 1851.

Toutes ces lois devenaient de plus en plus sévères, et les changements répétés qu'elles avaient à subir étaient une preuve que leur insuffisance était reconnue. Elles ont été remplacées par un véritable code (17 et 18 Victoriæ, caput 104) « *The merchant shipping act* » (10 août 1854), qui régit actuellement la marine marchande anglaise et qui coordonne en les perfectionnant toutes les lois précédentes. Nous en recommandons la lecture à ceux qui s'occupent des intérêts de la navigation. Cet acte est évidemment destiné à être bientôt remplacé par un nouveau, plus tutélaire encore, car les tableaux statistiques soumis chaque année au parlement par le *Board of Trade*, mettent en lumière la nécessité de nouvelles mesures.

En suivant les progrès successifs de la législation anglaise, on aperçoit une tendance prononcée à consacrer peu à peu les principes que nous défendons. Dans un pays où la persévérance est une qualité dominante, où le gouvernement et les chambres sont continuellement en haleine pour chercher à s'éclairer sur les besoins du commerce et de la navigation, il est impossible qu'un principe posé et admis ne reçoive pas, tôt ou tard, le développement complet de ses conséquences. Le code actuel prévoit l'intervention de règlements plus rigoureux, et laisse au *Board of Trade* une latitude très-grande sur ceux qu'il jugera utile d'adopter et de faire exécuter.

Quoi qu'il en soit, voici ce qui existe aujourd'hui :

Les articles 14 et 305, du code en vigueur, donnent pouvoir au *Board of Trade* de nommer des inspecteurs spéciaux, versés dans la construction navale et dans celle des machines. Pour le cas de navires à vapeur en fer, l'inspecteur doit être un homme expert dans ce genre particulier de constructions.

« Article 14 Ces inspecteurs ont le droit et le devoir de
« faire leur rapport :

« 1° Sur la nature et les causes d'un accident quelcon-
« que ou dommage qu'un navire quelconque a subi ou oc-
« casionné, ou a été accusé d'avoir souffert ou produit;

« 2° Sur l'observation de toutes les provisions de cet
« acte et de tous les règlements qui ont été ou seront faits
« en vertu de cet acte;

« 3° Sur les coques et les machines d'un navire à vapeur

« quelconque, à l'effet de dire si ces dernières parties leur
« paraissent suffisantes et en bonne condition. »

D'après l'article 15, les inspecteurs ont le droit de rechercher la vérité par tous les moyens de l'instruction judiciaire, d'appeler tous témoins en leur déférant le serment, de visiter par eux-mêmes le matériel et toutes les pièces quelconques qui peuvent établir leur conviction.

Il y a plus ; l'art. 306 dit « que si en conséquence d'un
« accident quelconque arrivé à un navire à vapeur quel-
« conque portant des passagers, *ou si pour une raison quel-*
« *conque*, ces inspecteurs jugent nécessaire d'agir ainsi, ils
« peuvent ordonner au navire d'entrer dans les docks, à
« l'effet qu'ils puissent visiter sa carène. »

Les articles 292 à 298 prescrivent à *tous* les navires d'être munis d'embarcations de bouées, de lumières et de signaux pour les brouillards, conformément aux ordres du *Board of Trade.*

Et outre, en vertu de l'article 483, les ancres et les câbles doivent être marqués par le fabricant de ses initiales et d'un numéro d'ordre, et porter leur poids écrit en toutes lettres. Cette stipulation a pour but d'assurer la bonne confection de ces objets, de faciliter leur surveillance, et en cas de naufrage, de trouver la trace des voleurs qui pourraient dévaliser le navire.

Pour les navires à vapeur portant des passagers, la loi est

plus détaillée encore. Les navires de cette classe, qui sont
en fer, doivent avoir des cloisons étanches divisant le bateau en trois parties au moins. En outre, tout navire à hélice doit avoir une coursive étanche enveloppant la dernière partie de l'arbre de l'hélice. On ne peut qu'approu-
ver une disposition aussi sage et aussi utile dans les cas
d'accidents graves au presse-étoupe de l'étambot, qui sont
assez communs.

L'article 301 prescrit l'emploi d'appareils de sûreté pour
les chaudières, la visite rigoureuse des compas, l'existence
de signaux et de pompes à incendie.

Afin d'assurer l'exécution de cette loi, la douane a ordre
de refuser l'expédition à tout navire qui ne remplirait pas
les conditions voulues.

Les navires à vapeur portant des passagers reçoivent des
permis de navigation valables pour six mois au plus, ou
pour un temps plus court stipulé dans le permis lui-même
sur le rapport des inspecteurs. Tous ces permis doivent
être renouvelés en avril et en octobre. Passé ces époques,
ils sont périmés, et les navires auxquels ils appartiennent ne
peuvent plus prendre la mer, sans exhiber de nouveaux
certificats. Dans tous les cas où le *Board of Trade* le juge
convenable il peut retirer les permis et exiger une visite
nouvelle de ses inspecteurs.

Le code anglais est, comme on le voit, plus sévère, son application est bien plus efficace que la loi française. Il n'est pas encore très-explicite au sujet des navires à voiles, et comme il laisse pour ainsi dire tout à l'appréciation des inspecteurs du *Board of Trade*, cette classe de navires échappe à leur surveillance dans la plupart des cas. Toute loi vague reste inappliquée. Nous avons cependant signalé un fait qui ne s'est jamais vu en France, celui d'un navire dépecé par ordre de l'autorité.

Les navires à vapeur portant des passagers sont plus strictement contrôlés que dans notre pays. Les mesures de sécurité à leur endroit sont d'autant plus réelles que les hommes chargés de leur application sont des gens du métier, payés assez largement, et uniquement occupés de cette mission.

Malheureusement, la loi anglaise n'appelle *navires à passagers* que ceux qui en portent plus de trente, et elle a l'air de croire que les équipages ne méritent pas la même attention que les voyageurs. Singulière inconséquence, universellement répandue ! Mais nous l'avons déjà dit et nous ne craignons pas de le répéter, les résultats des statistiques annuelles ne tarderont pas à amener des dispositions préventives générales. On en viendra à exiger pour tous les navires indistinctement, les mêmes visites, les mêmes certificats que pour les bateaux à vapeur. On formulera des règlements plus précis, dont l'exécution sera tout aussi facile que celle de beaucoup d'ordonnances de police municipale, dont le public ne soupçonne pas même l'existence, tant il a l'habitude de les voir observer.

En voyant le résultat des statistiques anglaises établies sous l'empire d'une législation plus sévère que partout ailleurs, il est naturel de penser à ce que pourraient mettre en évidence des recherches analogues chez les autres nations. Les plus optimistes ne pourront retenir un sentiment de malaise et d'effroi. Amis de l'humanité, gouvernements qui avez charge de la sécurité publique, négociants, marins et assureurs qui avez intérêt à défendre la même cause que nous, unissez vos efforts ; il faut couper le mal à sa racine. Tant que le matériel naval ne sera pas convenablement contrôlé, toutes les lois de police maritime resteront sans effet : elles rempliront une page du code, mais elles demeureront une lettre morte. Ne croyez pas que cette surveillance doive gêner la prospérité du commerce, arrêter son essor, compromettre vos bénéfices ; elle ne peut que mettre un obstacle à la mauvaise foi et aux profits illégitimes. S'est-on jamais plaint que l'intervention de la justice fût un empêchement au libre développement de l'industrie et des transactions ? L'impunité et l'audace de l'imprudence ou de

la fraude ne peuvent être mises au nombre des droits sa-
crés des citoyens. Où il y a sécurité, la prospérité s'affermit
et progresse. La justice et le respect des lois sont la première base, la condition nécessaire de la civilisation, comme
ils doivent en être aussi la conséquence.

VIII.

Après avoir exposé l'état de la question relative au matériel
naval, nous avons à faire la même étude sur le personnel.

Les équipages ne sont que les agents passifs de la volonté
du capitaine. Les lois actuelles, en France et en Angleterre,
nous paraissent suffisantes pour assurer de leur part tout le
concours qu'on peut exiger. La responsabilité des faits que
nous voulons signaler ne doit donc s'arrêter que sur le capitaine qui a le commandement absolu du navire et sur l'armateur qui lui donne des instructions ou des ordres formels.

Comme nous avons à parler d'une série d'abus dont la
fréquence augmente tous les jours à mesure de l'extension
du commerce maritime, nous éprouvons le besoin de pro-
tester d'avance contre toute interprétation défavorable de
nos intentions. C'est dans un intérêt d'humanité et d'ordre
public que nous sommes contraint de réclamer contre des
imprudences ou des fautes. Nos paroles ne sont point des-

tinées à déconsidérer cette classe nombreuse d'hommes utiles qui exposent leur argent ou leur existence, qui emploient toutes leurs facultés dans un métier aussi éminemment nécessaire et profitable aux peuples que la navigation. N'est-ce pas même donner plus d'éclat à leurs services, plus d'importance à leur mandat, que de signaler ceux qui compromettent la confiance à laquelle les marins ont tant de droits et qui déshonorent leur carrière? Mettons hors d'état de nuire ceux que de mauvais instincts poussent à des spéculations et à des actes coupables, ceux qui se moquent de la loi parce qu'elle est impuissante à les atteindre, et qu'une impunité certaine dans les cas les plus graves a pervertis au degré de faire le mal sans en rougir. Au lieu d'amener la décadence de la marine, nous sommes convaincu qu'on augmentera sa prospérité.

En France et en Angleterre, les capitaines sont sujets à des peines disciplinaires que le gouvernement peut prononcer contre eux. En France, le ministre de la marine, en Angleterre, le *Board of Trade*, ont le droit de les suspendre de tout commandement pendant un temps plus ou moins long, et de les traduire devant un tribunal maritime qui peut retirer pour toujours leur brevet. Pour les délits et les crimes de baraterie, les lois des deux pays renferment des dispositions nombreuses et établissent les peines les plus sévères.

17 et 18 Victoriæ, caput 104. *The merchant shipping*, etc. 10 août 1854.

Titre IV du code de commerce.

Loi du 10 avril 1825 pour la sûreté de la navigation et du commerce maritime.

Décret du 24 mars 1852 — disciplinaire et pénal pour la marine marchande.

Ordonnance du 29 octobre 1833 sur les fonctions des consuls dans leurs rapports avec la marine marchande.

Les codes de procédure, l'organisation des tribunaux paraissent complets et minutieux. Nous croyons inutile de reproduire ici les principaux articles et nous renvoyons, pour les consulter, aux textes officiels.

Avec un arsenal aussi bien fourni de moyens répressifs, il semblerait que la sécurité publique est convenablement défendue. Ce serait en effet le cas, si ces lois ne présentaient pas des lacunes regrettables qui annulent leurs dispositions les plus prévoyantes, si elles étaient réellement appliquées, si la surveillance était suffisamment organisée pour découvrir partout le coupable et le livrer à la justice, si dans l'état actuel une multitude de causes ne s'opposaient pas à la constatation des fautes ou des crimes. Le pouvoir presque discrétionnaire du ministre sur les officiers, les peines stipulées par les codes, sont à peu près sans portée, surtout en France.

La nécessité de compléter ces lois est si urgente, que nous pouvons donner ici des chiffres curieux. Nous avons déjà parlé du tableau statistique des naufrages ayant eu lieu sur les côtes d'Angleterre pendant l'année 1856. Nous avons vu que sur 1.153 accidents, 242 — soit 21 pour 100 — étaient dus à des défauts du matériel. Les mêmes tableaux nous donnent aussi clairement le nombre des accidents qu'on doit attribuer à la faute des équipages. En voici le résumé :

Accidents autres que des abordages.

Négligence à employer la sonde	navires perdus.	21	38
	navires avariés.	17	
Manque d'attention	navires perdus.	11	29
	navires avariés.	18	
Intempérance	navires perdus.	2	4
	navires avariés.	2	
Négligence générale	navires perdus.	9	18
	navires avariés.	9	

Total des accidents, autres que les abordages, dus à des fautes...................... 89

Abordages.

Ancrage hors de sa place	navires perdus.	0	8
	navires avariés.	8	
Oubli des lumières prescrites	navires perdus.	7	35
	navires avariés.	28	
Manque de vigilance	navires perdus.	15	74
	navires avariés.	59	
Faute dans la manœuvre prescrite pour la route à prendre en cas de rencontre	navires perdus.	11	59
	navires avariés.	48	
Négligence	navires perdus.	5	31
	navires avariés.	26	

Total des abordages dus à des fautes...... 207

Total général...... 296

C'est donc 296 accidents, ou plus de 25 pour 100 du nombre total, dus à la faute des équipages. En additionnant :

Accidents dus à un mauvais matériel..... 21 pour 100
Accidents dus à la faute des équipages.... 25 pour 100

Total.......... 46 pour 100

on trouve que 46 pour 100 des accidents auraient pu être évités, car ils n'ont été amenés par aucune cause de force majeure, gros temps, manque de phares ou de bouées, récifs inconnus, etc., etc. Quel chiffre pour les côtes du royaume uni seulement! Mais ces nombres, déjà si éloquents, sont encore au-dessous de la vérité ; ils sont le résultat d'enquêtes souvent superficielles (surtout dans les cas peu graves, par suite d'un bonheur inespéré), faites par les inspecteurs du *Board of Trade* et le *stipendiary magistrate* du district où arrivent les accidents. Les cas douteux sont interprétés en faveur du capitaine ou du navire. Si les investigations avaient la sévérité nécessaire, il est probable que le chiffre de 46 pour 100 serait largement dépassé. D'un autre côté, le tableau ne renferme pas de colonne pour indiquer les accidents qu'il faudrait attribuer à des navires trop chargés ou à des chargements sur le pont, ou bien à l'absence d'un lest suffisant dans les navires léges. On verra bientôt quelles conséquences peuvent avoir de pareilles conditions. Je dois, en outre, faire observer que

le lecteur se tromperait beaucoup, s'il jugeait par la statistique précédente de ce qui se passe ailleurs. Ce n'est pas
sur les côtes d'Angleterre que la baraterie peut s'exercer à
son aise, avec l'impudeur qu'elle affiche dans des pays loin-
tains. Il est à propos cependant de se rappeler le chiffre de
246 accidents arrivés par beau temps! Dans le nombre, il y
a peut-être bien quelques circonstances peu orthodoxes qui
pourraient aller grossir la proportion de 46 pour 100.

IX.

Avant de parler des délits et des crimes que la loi prévoit et punit, sur le papier bien entendu, il importe de s'arrêter un peu à quelques imprudences souvent fatales, auxquelles on n'a jamais paru faire attention, et qui se répètent tous les jours sous les yeux mêmes des agents de l'autorité, des capitaines de port et des commissaires de l'inscription maritime, sans que personne s'en préoccupe.

Les conditions de stabilité d'un navire sont de la plus grande importance pour la sécurité de la navigation. Je sais bien que c'est la question qui, en général, préoccupe le moins. Il est assez rare qu'avant d'exécuter un navire on se demande où se trouveront le centre de gravité et le métacentre par suite du chargement et des formes adoptées sur les plans. Beaucoup d'hommes spéciaux ne connaissent même pas l'existence de ces noms étranges pour les oreilles exclusivement *pratiques*. Mais comme le lest est toujours

prêt à rectifier les bévues, il ne vaut pas la peine de s'occuper de semblables *niaiseries*. Passons! Le navire est entre
les mains de l'armateur, et il s'agit de le charger. Le capitaine et son second savent bien qu'il faut plus ou moins de
lest à leur bâtiment et qu'ils doivent arrimer les marchandises d'une certaine manière pour pouvoir porter plus ou
moins de toile, ou pour assurer une différence de tirant
d'eau qu'ils croient nécessaire à la meilleure marche possible. En dehors de ces idées générales, très-confuses et
recueillies après des tâtonnements prolongés, leur appréciation est souvent en défaut. La cargaison se trouve un
peu lourde et le navire est enfoncé outre mesure. — Bah !
disent nos marins, nous embarquerons un peu d'eau! C'est
un détail. — Mais les lois naturelles sont inflexibles et les
résultats d'une semblable imprudence peuvent être désastreux. Lorsque le navire est très-enfoncé dans l'eau, son
centre de gravité descend très-bas, ses oscillations à la mer
deviennent très-faibles et très-rapides ; il reste exposé comme
un rocher à l'action des vagues, qui le couvrent continuellement lorsque le temps est mauvais, et qui balayent le pont
de bout en bout. Le navire ne cédant plus à l'impulsion
des lames, il en résulte des chocs violents qui fatiguent les
liaisons bien plus que le tangage et le roulis ordinaires. Si
le temps est très-gros et le navire médiocre, il y aura inévitablement des avaries, probablement un malheur. Com-

bien de navires ne font de l'eau que par suite de circonstances semblables! Mais ce danger n'est pas le seul. Lorsque
le vent est impétueux et que le navire résiste trop à se cou-
cher sous l'action des voiles ou même de sa mâture seule,
celle-ci est quelquefois emportée tout entière. Souvent la
brusquerie des mouvements du roulis entraîne le même
accident. Que peut devenir un navire à voiles désemparé
au milieu de la tempête, surtout quand il se trouve dans le
voisinage des côtes? Si on analysait les causes de tous les
sinistres maritimes, on serait étonné du nombre considérable de ceux dont les lignes précédentes renferment toute
l'histoire. Nous avons connu, il y a très-peu de temps, un
vapeur de 550 à 600 tonneaux qui s'est perdu de cette manière. Son pont était à 50 centimètres seulement au-dessus
de l'eau. Par surcroît de malheur, ses fonds étaient remplis
d'un chargement de fer qui augmentait encore l'abaisse-
ment relatif du centre de gravité. Assailli par une tempête
dans une mer dangereuse, le bateau ne gouvernait plus ;
la machine était devenue insuffisante pour vaincre la résistance d'une carène si profondément immergée. L'équipage
ne pouvait tenir sur le pont, que des vagues furieuses par-
couraient dans toute sa longueur. Le capitaine, obligé de
fuir la haute mer, de s'abriter derrière toutes les criques,
afin d'échapper à une position si périlleuse, donna contre
un banc inconnu à quelques cents mètres du rivage qu'il

côtoyait. Dix hommes furent victimes de cet accident !

Nous avons vu partir en plein jour, d'un grand port de commerce, un navire chargé jusqu'à 40 centimètres du plat-bord. La nuit même, *un coup de vent abattait toute sa mâture !* Heureusement pour lui, un vapeur le rencontrait deux jours après et le remorquait dans le bassin, rasé comme un ponton.

Ailleurs, le poids total du chargement serait admissible, mais sa densité moyenne très-grande lui permet de n'occuper que les fonds de la cale ; ce sont des rails, par exemple. Quoique l'enfoncement soit raisonnable, le centre de gravité est trop abaissé. Voici de nouveau un navire en danger pour sa mâture, et toute la série des chances funestes que nous venons d'énumérer. Alors même qu'elles seraient très-affaiblies pour la plupart, il reste un danger très-sérieux de dislocation, si le bâtiment n'est pas plus solide que les constructions en bois ordinaires. Avez-vous jamais agité une tige de bois au bout de laquelle est fixée une petite masse de plomb ? Imprimez une oscillation brusque à cette baguette, et elle cassera dans vos mains d'autant plus facilement que le plomb sera plus éloigné et plus gros. L'inertie de la masse métallique est la cause de ce phénomène, de tout point identique à celui que présenterait notre navire. Depuis l'extension considérable des chemins de fer et des machines, des cas analogues sont fréquents. Par surcroît de précaution, on a soin de choisir de vieilles carcasses pour effectuer des transports de cette nature! Nous en appelons à tous les assureurs pour confirmer la vérité de nos assertions.

D'autres fois, on charge sur le pont des poids considérables qui élèvent au contraire beaucoup trop le centre de gravité par rapport au métacentre. La stabilité devient insuffisante, le navire ne peut plus porter sa voilure dès que la brise fraîchit un peu ; sa mâture, même nue, devient un danger si le vent est trop fort. Un navire placé dans ces circonstances doit éviter le moindre gros temps, et s'il ne peut y réussir, il court le risque de chavirer, à moins qu'il ne soit possible de jeter par-dessus bord ces poids malencontreux. De pareils cas sont fréquents et ne provoquent pas la moindre observation de la part des autorités maritimes. En 1857 et 1858, plusieurs navires de 120 à 150 tonneaux sont partis des ports de France portant chacun deux locomotives et leurs tenders amarrés sur le pont. On avait bien enlevé les paires de roues pour les mettre dans la cale, mais, même avec cette précaution, il restait encore sur le pont 35 à 40 tonneaux au moins, d'autant plus dangereux qu'ils s'élevaient plus haut à cause de leur forme même. L'un de ces bâtiments fut pris par une rafale de sud-est. Le chargement de roues et d'essieux placés dans la cale fatiguait tellement le navire qu'il faisait eau de tous côtés, et les amplitudes du roulis étaient si menaçantes que le navire à sec de toile pouvait s'engloutir à chaque instant. Le capitaine fut obligé de laisser venir à la côte et s'échoua sur les sables les plus voisins. Peu s'en fallut que lui et son équipage ne perdissent la vie dans cette suprême tentative faite pour le salut commun.

On m'objectera sans doute que beaucoup de navires chargés dans les conditions diverses qui précèdent arrivent à bon port. C'est possible ; mais le fait même de leur navigation est une imprudence coupable. S'ils échappent au danger par suite de chances heureuses, cela ne prouve point que ce danger n'existait pas. Il arrive beaucoup d'accidents qui passent sur le compte de la fortune de mer, tandis qu'une enquête sérieuse pourrait amener des révélations surprenantes, et faire une large part à des fautes impardonnables dont les conséquences éventuelles étaient faciles à prévoir.

Peut-être dira-t-on aussi que les mêmes cas ne se présentent point sur des navires qui portent des passagers, et que les équipages des autres bâtiments doivent veiller à leur propre sécurité. Mais, une fois inscrits au rôle, les marins qui quitteraient le navire avant son départ, seraient considérés et punis comme déserteurs. Si le capitaine donne un ordre et fait charger son navire d'une certaine façon, tout le monde doit obéir. Il n'est pas admissible que les matelots contrôlent leurs chefs. D'ailleurs ils ne connaissent pas toujours la portée du danger et leur insouciance proverbiale les empêche d'y prêter la moindre attention. Il n'y a pas de mauvais navire qui ne trouve à compléter son monde.

Quant à l'intervention de la loi pour empêcher des chargements de cette nature, elle n'est que légitime. Est-il admissible qu'un armateur ou un capitaine, pour augmenter ses bénéfices, expose à la mort ses marins? Si un propriétaire imaginait de faire une maison sans fondations, un château de cartes toujours prêt à s'écrouler, la municipalité le laisserait-elle habiter tranquillement sa demeure, alors même qu'il l'occuperait seulement avec sa propre famille et ses domestiques?

La loi française se borne à dire sur ce sujet (art. **229** du code de commerce) : « Le capitaine est responsable de tout « dommage qui peut arriver aux marchandises qu'il aurait « chargées sur le tillac de son vaisseau sous le consente- « ment écrit du chargeur. » Mais elle ne prend aucune mesure contre les chargements dangereux.

Plusieurs lois anglaises ont successivement défendu aux navires portant une cargaison de bois de mettre de la marchandise sur leur pont. C'est à cette stipulation que se borne la prévoyance sur un chapitre aussi important.

Les moyens à prendre pour prévenir ce genre d'abus sont si simples et d'une exécution si facile que nous sommes surpris de n'en trouver de trace écrite nulle part. Il suffirait que des ingénieurs des constructions navales, après avoir examiné le plan du navire, fissent placer une fois pour toutes sur l'étrave, sur l'étambot et au milieu du navire, des repères invariables, indiquant les flottaisons maximum et minimum qui ne devront jamais être dépassées. On fixerait en même temps pour chaque navire la quantité et la hauteur que le chargement sur le pont ne pourrait excéder. Pour les chargements dans la cale on déterminerait aussi la quantité maximum en poids et la densité moyenne supérieure qu'ils pourraient atteindre. L'expédition en douane et la sortie du port seraient refusées à tout navire qui ne se serait pas conformé à cette règle.

Les livres de bord et les registres de l'inscription porteraient en toutes lettres l'énoncé de ces prescriptions, dont il serait toujours facile de vérifier l'exacte observation. Qu'on essaye de ce système et l'on verra les accidents diminuer dans une proportion considérable !

X.

Le tableau statistique que nous avons donné énumère
une série de fautes qu'il est impossible de ne pas classer
parmi les délits. Les articles 319 et 320 du code pénal français sont formels.

« Quiconque par maladresse, imprudence, inattention,
« négligence ou inobservation des règlements, aura com-
« mis involontairement un homicide, ou en aura été invo-
« lontairement la cause, sera puni d'un emprisonnement
« de trois mois à deux ans, et d'une amende de cin-
« quante à cent francs.

« S'il n'est résulté du défaut d'adresse ou de précaution
« que des blessures ou coups, l'emprisonnement sera de
« six jours à deux mois, et l'amende sera de seize francs à
« cent francs. »

Le tout est sans préjudice de la responsabilité civile du
coupable.

« Tout fait quelconque de l'homme qui cause à autrui un
« dommage, oblige celui par la faute duquel il arrive à le
« réparer. » (Code civil, art. 1382.)

« Chacun est responsable du dommage qu'il a causé par
« son fait, mais encore par *sa négligence* ou par *son impru-*
« *dence.* » (Code civil, art. 1383.)

« On est responsable non-seulement du dommage que
« l'on a causé par son propre fait, mais encore de celui
« qui est causé par le fait de personnes dont on doit ré-
« pondre, ou des choses qu'on a sous sa garde... *Les maî-*
« *tres et les commettants*, du dommage causé par leurs do-
« mestiques et *préposés* dans les fonctions auxquelles ils ont
« été employés. » (Code civil, art. 1384.)

Les lois des autres nations civilisées sont également sévères. Or, si le législateur a reconnu indispensable de
défendre sur terre la sûreté publique d'une manière aussi
complète, nous ne voyons pas pourquoi il aurait eu un autre
poids et une autre mesure pour la mer, où la vie des hommes est bien plus exposée encore. La loi est évidemment
générale, applicable à tous les cas qui tombent sous sa dé-
finition; mais la jurisprudence est loin d'être aussi logique.

Il y a peu de mois, un chef de gare ayant oublié une
simple précaution de signaux, fut la cause involontaire
d'une collision entre un convoi descendant et une locomotive qui ne se retira pas assez vite. Dans l'obscurité, la

machine pouvait passer inaperçue, et le mécanicien avait violé les règlements ; le chef de gare semblait donc être excusable, cependant il a été condamné à une forte amende et à deux ans de prison. La compagnie du chemin de fer eut à payer des dommages-intérêts considérables pour plusieurs blessures occasionnées par l'accident. Aussi les employés de tous grades sur les chemins de fer, apportent dans leur service l'attention la plus continue. Tous savent qu'un moment d'oubli peut attirer sur leur tête des châtiments au moins pénibles quand ils n'ont pas le résultat désastreux de briser leur position.

Quelque temps après, par une mer plate et un magnifique clair de lune, deux bateaux à vapeur portant des passagers se heurtaient violemment. L'un d'eux était coulé bas et un malheureux voyageur mutilé par l'abordage préférait s'engloutir avec le bateau que de continuer à souffrir de son horrible blessure. Vous pensez, lecteur, que les capitaines ou les officiers de quart ont été punis ? On n'a même pas fait d'enquête. Cependant les mêmes articles de loi sont applicables aux deux faits.

Si un humble cocher de fiacre oubliait un soir d'éclairer ses lanternes et écrasait un pauvre passant qui ne l'aurait pas aperçu, il subirait d'abord l'amende pour contravention, puis il serait traduit en police corrrectionnelle et condamné selon toute la rigueur des lois. Eh bien ! tous les ours des abordages ont lieu èntre les navires, parce que les uns ou les autres négligent de mettre les fanaux prescrits par les règlements. Perte de propriété, blessures, morts, toutes ces circonstances aggravantes s'accumulent. On n'a pas même l'idée de poursuivre. Ce qui est un délit dans les rues, n'en est plus un sur l'Océan.

Si un mécanicien s'endort loin de sa chaudière ou néglige son niveau d'eau, et qu'une explosion formidable amène un accident, alors même qu'il n'y aurait pas de victimes, immédiatement, l'ingénieur des mines, le procureur impérial, le commissaire de police, une multitude d'agents de tout grade envahissent les lieux, cherchent de tous côtés, interrogent, verbalisent. Le coupable est découvert malgré ses dénégations et l'absence de témoins. Il paye cher son insouciance.

Un officier de quart fume paisiblement sa pipe dans sa chambre ou joue aux cartes avec le capitaine ; le matelot en fait autant et s'endort; puis le navire se perd ou fait de graves avaries. Personne ne songe à savoir la vérité. Fortune de mer ! dit on. La justice n'a garde de troubler la quiétude de l'équipage.

Je pourrais continuer longtemps le parallèle. Ce qu'il y a de plus singulier, c'est que le décret disciplinaire et pénal pour la marine marchande, du 24 mars 1852, définit très-longuement les fautes et ce qu'il appelle des délits, mais nulle part il ne contient une seule appréciation sur les faits qui nous occupent. Cependant tout capitaine « est ga- « rant de ces fautes même légères dans l'exercice de ses « fonctions. » (Art. 221 — code de commerce); et l'art. 24 de l'ordonnance du 29 octobre 1833, prescrit aux consuls de signaler « les capitaines qui par inconduite, imprévoyance « ou ignorance auraient *notoirement* compromis la sûreté « de leurs équipages et les intérêts des armateurs. » Nous désirerions beaucoup connaître le nombre des rapports de cette dernière espèce parvenus au ministère depuis les seize ans d'existence du règlement.

XI.

Les Anglais s'occupent davantage de perfectionner toutes les branches de leur commerce et d'en assurer la sécurité. Leur législation est encore imparfaite au point de vue des délits maritimes, mais le parlement a compris qu'il fallait chercher à diminuer le nombre des accidents par des mesures pénales. D'année en année il profite de l'expérience acquise pour modifier les lois. Déjà le *Merchant Shipping act* de 1854, a été amendé par l'acte (18 et 19 Victoriæ, cap. 104 — 1855), quoiqu'il reproduisît en les aggravant les dispositions des lois précédentes. Il qualifie de *misdemeanor* « toute conduite fautive (*misconduct*) mettant en danger vie « ou membre. » (Art. 229.)

Le *Board of Trade* a le droit de suspendre ou de retirer les brevets de tout capitaine, « si après une enquête conduite « d'après les prévisions de la 8e section du présent acte, *une* « *perte, un abandon* ou *un dommage sérieux* a été causé par

« un acte répréhensible ou *une faute* de sa part. » (Art. 242.)

En cas d'abordage, le code anglais ne se contente pas comme la loi française de réparer l'avarie à frais communs, s'il y a doute, et de ne prononcer aucune peine. « En cas de « dommage aux propriétés ou aux personnes — dit-il, art. « 299 — provenant de ce qu'un navire quelconque n'a pas « observé les règles prescrites, un tel dommage sera *censé* « *avoir été occasionné par la faute volontaire* de la personne « en charge du pont du navire au moment de l'accident, à « moins qu'il ne soit prouvé à la satisfaction de la cour, que « les circonstances du cas rendaient nécessaire la violation « du règlement. » On sait ce qu'entraîne une semblable clause.

Afin d'assurer la punition du coupable, le *Merchant Shipping act* ordonne une enquête pour chaque accident. Qu'on me permette, malgré leur longueur, de reproduire ici ou de résumer les articles qui traitent de ce sujet.

Art. 432. « Dans un des cas quelconques qui suivent, « c'est-à-dire :

« Chaque fois qu'un navire est perdu, abandonné ou « matériellement endommagé, sur ou près des côtes du « royaume uni ;

« Chaque fois que par suite d'un accident arrivant à bord « d'un navire quelconque sur ou près desdites côtes, il y « a perte de vie ;

« Chaque fois qu'une pareille perte, qu'un pareil aban-
« don, dommage ou accident arrive ailleurs et qu'un témoin
« compétent arrive de l'endroit, ou est trouvé dans une
« place du royaume uni ;

« Il est de devoir loyal pour tout inspecteur garde-côte,
« pour tout principal officier des douanes..... pour toute
« personne spécialement commissionnée à cet effet par le
« *Board of Trade*, de faire une enquête sur la perte, l'aban-
« don, le dommage ou l'accident, et elle aura pour cet
« objet tous les pouvoirs conférés dans la 1re partie de cet
« acte, aux inspecteurs du *Board of Trade*. »

Art. 434. Dans les cas où des connaissances nautiques
sont nécessaires, le *Board of Trade* aura pouvoir de nommer
une personne ayant ces connaissances, comme auxiliaire des
Justices ou du *Stipendiary magistrate*.

Art. 438. *Le capitaine ou patron sera requis de déposer son
brevet qui sera retenu jusqu'à conclusion de l'enquête.*

La distance est grande entre cette législation et la loi
française.

Ce système ne fonctionne pas encore d'une manière très-
sévère et il a besoin de beaucoup de modifications que la
pratique indiquera ; mais tel qu'il est appliqué, il prouve la
volonté bien arrêtée du gouvernement anglais de réprimer
les délits que nous demandons de poursuivre. On lira dans
les *Blue-books*, les rapports annuels du *Board of Trade*,

volumineux documents qui établissent très-nettement l'exac-
titude de notre assertion. A chaque page on trouvera des
capitaines suspendus ou privés pour toujours de leurs certificats, non-seulement pour des faits qui se sont passés sur
les côtes de la Grande-Bretagne, mais pour d'autres aussi
qui ont eu lieu dans les mers les plus éloignées, sur des
côtes inhabitées et inhabitables, ou même au milieu de
l'Océan. Il n'y a guère que quatre ans que cet ensemble de
mesures est poursuivi avec quelque vigueur. On verra
d'ici à peu d'années quels résultats il produira, surtout
quand il aura reçu les compléments nécessaires, quand
les lacunes que nous avons signalées dans la loi à propos du chargement des navires et du matériel auront été
comblées, et qu'on ne s'occupera plus exclusivement ou
à peu près des navires à passagers. On en viendra probablement aussi à prononcer, suivant les cas, des peines afflic-
tives plus fortes que la suspension ou le retrait d'un certi-
ficat. Les hommes sont ainsi faits, il faut de temps en temps
des exemples sévères pour les rappeler à l'activité, aux soins
que demandent les fonctions dont ils sont investis. S'ils ne
sont pas constamment tenus en haleine, ils s'endorment
dans une tranquille négligence. Les règlements les mieux
combinés, deviennent alors inutiles pour les intérêts qu'ils
avaient mission de garantir.

XII.

L'imperfection ou le silence des lois, une indifférence
inexplicable, et les autres causes qui, dans l'état actuel,
concourent à empêcher la punition des délits, assurent aussi
presque toujours l'impunité de la baraterie.

Par cette expression que la loi consacre, nous n'entendons pas seulement le crime d'un capitaine qui vole son
armateur, en vendant à son profit tout ou partie de la cargaison ou du navire ; l'acte de perdre volontairement son
navire pour une cause quelconque et même de connivence
avec l'armateur. Il est rare que ces crimes, malgré leur gros-
sièreté, aient à subir le châtiment édicté par les lois. On
devrait aussi entendre par baraterie, l'acte d'un capitaine,
qui seul ou de concert avec le propriétaire du navire, se
couvre des apparences légales pour faire supporter à des tiers
les frais d'une spéculation coupable. L'abandon frauduleux ;
l'emploi d'un mauvais navire qu'on emmène au loin pour

le vendre : toutes les combinaisons possibles au sujet de l'innavigabilité relative, devraient être flétries du même nom ; elles menacent la sécurité des équipages.

Les lois françaises permettent au propriétaire de faire abandon de son navire aux assureurs, si la détérioration dépasse les 3/4 de sa valeur (art. 369, code de commerce), et l'art. 237 permet aux capitaines de vendre leur navire dans le cas d'innavigabilité légalement constatée. L'existence simultanée de ces deux articles, avec le défaut de toute surveillance sur le matériel naval, rend faciles une foule de manœuvres dont j'ai déjà eu l'occasion de citer quelques-unes. Comme il arrive fréquemment que le navire est assuré au delà de sa valeur, l'estimation d'un mauvais navire faite à l'étranger, même par des experts de bonne foi, peut plus aisément se rapprocher de la limite après laquelle la loi permet le délaissement. Ainsi un bateau qui neuf vaudrait réellement 200.000 francs, est assuré pour 300.000. Le capitaine le fait évaluer au port d'arrivée sous prétexte d'innavigabilité. L'expertise s'arrête au chiffre de 70.000 francs. Ce n'est pas le quart de 300.000 francs, et le navire est légalement abandonné. Mais si ce navire eût été assuré pour sa valeur réelle, le quart n'eût été que de 50.000 francs, et le délaissement eût été impossible. Je me tiens encore dans des limites modérées, car les journaux rapportaient, il y a peu de semaines, le fait suivant : Un

navire échoué fut acheté *deux cent trente-cinq francs* par un
armateur. Après quelques réparations il fut expédié et ensuite assuré pour une somme de *cent mille francs.* La morale de l'histoire est qu'il se perdit et que le propriétaire
réclama le remboursement de cent mille francs, montant
de l'assurance. Heureusement pour les assureurs qu'ils
parvinrent à découvrir l'acte de vente du navire pour une
somme minime. Le tribunal fut obligé d'annuler le risque.
L'affaire n'eut pas d'autres conséquences.

On dira sans doute que c'est aux compagnies d'assurances
à se mieux renseigner et à ne pas accepter des valeurs qui
ne sont pas exactes. Mais le contrat d'assurance doit et ne
peut être qu'un acte de bonne foi. Il n'y aurait aucune opération possible, si on devait procéder à une visite et à une
évaluation chaque fois qu'on fait une assurance. La loi française l'a si bien entendu ainsi, « qu'en cas de fraude dans
« l'estimation des objets assurés...... l'assureur peut faire
« procéder à la vérification et estimation des objets... »
(Art. 336, code de commerce.) Plus loin l'art. 357 porte :
« qu'un contrat d'assurance ou de réassurance, consenti
« pour une somme excédant la valeur des effets chargés
« est nul à l'égard de l'assuré seulement, s'il est prouvé
« qu'il y a dol ou fraude de sa part. »

Mais si l'assurance n'a pas connu à temps les traces de la
fraude et qu'elle ait accepté l'abandon, serait-elle trompée

cent fois, « elle ne peut, sous prétexte de retour du navire,
« se dispenser de payer la somme assurée. » (Art. 385, code
de commerce.) Quelle dérision ! Un voleur a soustrait dans
un dépôt des actions, des titres, on ne s'en aperçoit que
quelques mois après lorsqu'il s'agit de faire l'inventaire.
Comme le caissier a passé des écritures depuis et qu'on a
négligé de se plaindre sur l'heure, le voleur est à l'abri, on
n'a plus le droit de poursuivre !

Si le matériel naval était convenablement surveillé, si
chaque navire devait avoir ses états de services consignés
sur un registre comme il en est pour le matériel des chemins
de fer, de semblables abus seraient fort difficiles. Si à défaut
de ces mesures, ou conjointement avec elles, le capitaine
d'un navire perdu ou délaissé devait à son retour subir un
jugement, le tribunal n'aurait pas de peine à avoir des données certaines sur la valeur du navire. La fraude serait souvent découverte, et les coupables punis.

Ce n'est pas seulement dans des cas aussi graves que la
surveillance du matériel peut être d'un grand secours pour
la justice. Elle doit aussi être la base des enquêtes au sujet
des délits maritimes, si on veut les rendre sérieuses. Sans
ce point de départ il est difficile dans bien des cas d'apprécier exactement la conduite des capitaines. Je crois cette
opinion assez évidente d'elle-même pour qu'il ne soit pas
nécessaire de la discuter longuement. Si l'on n'est pas as-

suré que, le capitaine avait à sa disposition tous les moyens de lutter contre le péril, il peut attribuer une avarie ou une perte à l'insuffisance de ses moyens, aux chances défavorables de la mer, à l'intempérie des éléments.

Qui pourrait prouver le contraire? Ce n'est pas l'armateur qui dans ce cas est intéressé à cacher le véritable état des choses; car s'il était établi que l'accident est le résultat d'un vice propre, les dépenses seraient à sa charge et non plus à celle des compagnies d'assurances. Ce n'est pas l'équipage qui presque toujours ignore la valeur réelle du navire et s'occupe peu de ses défectuosités. D'ailleurs que gagnerait-il à se plaindre s'il était éclairé? Les persécutions de l'armateur et l'inimitié des capitaines. Ce serait pot de terre contre pot de fer.

Quand un navire vient à se perdre, la loi française oblige le capitaine à faire son rapport à l'autorité civile, et s'il est étranger, au consul (art. 246, code de commerce). Il est vrai que cette autorité « doit recevoir l'interrogatoire des gens « de l'équipage et des passagers sans préjudice des autres « preuves. Les rapports non vérifiés ne sont point admis à « la décharge du capitaine et ne font point foi en justice... » (Code de commerce, art. 247.) Il est dit aussi dans l'ordonnance du 29 octobre 1833, art. 20 : « Ils (les consuls) signa- « leront également les capitaines qui par inconduite, im- « prévoyance ou ignorance auraient *notoirement* compromis

« la sûreté de leurs équipages et les intérêts des armateurs. »
— Art. 29. — « Si notre consul découvre qu'un capitaine
« procédant à des réparations d'avaries ou à toute autre
« opération à la charge des armateurs ou des assureurs, a
« commis quelque fraude à leur préjudice, il recueillera les
« renseignements propres à constater la vérité, et les fera
« parvenir à nos ministres des affaires étrangères et de la
« marine. »

Que fait un consul ou un juge, pour rechercher la vérité ?
On ne peut, sans y avoir assisté, comprendre la banalité de
semblables enquêtes. Les questions adressées aux témoins
sont peu nombreuses ; en général on lit à l'assemblée le rapport du capitaine et on finit par demander aux *présents* s'ils
ont une observation à faire. Les passagers accablés par le
mal de mer, ou frappés de terreur au moment du sinistre,
sont médiocrement disposés à allonger la scène et répon-
dent par un assentiment. Ils ont hâte de sécher leurs habits
et de vaquer au sauvetage de leurs effets.

Quant à l'équipage, nous avons déjà dit les motifs qui devaient le faire taire. Les officiers qui ont intérêt à ménager
l'armateur et le capitaine, afin de se préparer un commandement pour plus tard, et dont la responsabilité serait souvent engagée, sont peu enclins à contredire leur chef. Il faut
des circonstances exceptionnellement aggravantes, un crime
stupide, *commis sans intelligence*, pour que les soupçons se

7

fassent jour quelquefois, à travers des réponses laconiques, surtout peu lettrées, assaisonnées de termes inconnus pour les gens étrangers au métier, et qui sont en général considérées comme une vaine formalité. Le magistrat enregistre dans son procès-verbal que tout le monde a fait son devoir ; l'éponge est passée sur le tout, et le rapport du capitaine fait foi. En quelques minutes la séance est levée et l'ordre du jour appelle l'examen de questions *plus importantes*. Est-ce là ce que la loi appelle une vérification ?

Pour trouver la vérité, pour que l'intervention du consul ou du magistrat eût une portée réelle, il faudrait qu'on employât tous les moyens de l'instruction judiciaire : solennité de l'interrogatoire sous la foi du serment, avec avis préalable des peines portées par la loi contre les faux témoins ; étude de toutes les circonstances qui ont accompagné le sinistre ; visite des lieux et examen de la position du navire ; procès-verbal minutieux de son état avec l'aide d'hommes du métier, comme dans les poursuites criminelles ; saisie des pièces, etc., etc. Alors, peut-être, les dépositions des officiers, matelots, passagers, pourraient dire autre chose et faire pressentir d'autres détails que ceux donnés par le capitaine ; surtout si chacun était convaincu que cette instruction préliminaire serait suivie d'un jugement sérieux devant un tribunal maritime. Mais on ne se déplace pas pour si peu ; consuls et magistrats se bornent à attendre que les faits soient *notoires,* comme le dit la loi, pour s'inquiéter d'y prêter attention.

Si, quand un accident arrive sur terre ou qu'une mort violente est constatée, le procureur impérial et le juge d'instruction restaient tranquillement dans leur cabinet jusqu'à ce que la réalité du crime leur crevât les yeux, qu'elle fût *notoire,* en un mot, il est très-probable que la grande majorité des coupables échapperaient à la justice. Si un président de cour d'assises s'avisait de demander à l'accusé un rapport sur ses faits et gestes, et qu'il se contentât ensuite de demander aux témoins ce qu'ils en pensent, le comique du procédé n'égalerait que son impuissance. La plupart des témoins, par ennui ou par crainte, se hâteraient de se débarrasser au plus vite d'une corvée importune, et les avocats n'auraient pas beaucoup de peine à défendre leurs clients.

Avec une organisation aussi bien imaginée pour la répression de la fraude, la loi française a trouvé expédient de stipuler « que la preuve des faits contraires était réservée « aux parties (art. 274 du code de commerce). » Il s'agit toujours, bien entendu, du rapport des capitaines. Les parties se réduisent aux assureurs, car le chargeur et le propriétaire du navire, recevant des premiers le prix de l'objet qu'ils perdent, n'ont ni intérêt ni tendance à s'engager dans des procès longs et dispendieux. C'est donc l'assureur qui est admis au bénéfice considérable de l'article cité. Mais que peut-il faire quand le lieu du sinistre est éloigné et qu'il n'a sur la place qu'un correspondant commercial, auquel l'art nautique et celui des constructions sont tout à fait étrangers? Quelle preuve peut-il avoir entre les mains, si ce n'est le rapport de sa partie adverse, le capitaine, dûment vérifié et parafé par-devant le consul; si ce n'est les pièces parfaitement en règle qui accompagnent presque toujours le délaissement et qui sont presque toujours invariablement délivrées dans toutes les circonstances : estimations d'experts, certificats, etc., etc.? Je n'ai nullement l'intention d'incriminer la bonne foi de nos consuls et de nos juges, dont le dévouement et la probité sont au-dessus de tout éloge. Mais je signale un fait patent, tous les jours renouvelé, c'est qu'on surprend leur confiance. La loi ne les obligeant pas à des enquêtes sévères, les moyens leur faisant aussi défaut, par suite d'une organisation incomplète de la police maritime, ils se laissent aller à une inertie trop grande en pareille matière. Il faudrait des efforts persévérants, beaucoup de bonne volonté, pour arriver à saisir la vérité; on ne fait rien, parce que l'idée du crime ne se présente pas immédiatement à l'esprit. C'est donc par suite de hasards imprévus que les intéressés au navire peuvent prouver le dol ou la fraude dont ils souffrent, alors même qu'ils sont intimement convaincus d'être dupés. Du reste, la constatation par un tribunal de commerce d'une escroquerie maritime flagrante n'amène pas toujours la poursuite du coupable.

A nos yeux, l'un des moyens qu'il est le plus urgent d'employer pour porter un remède à la situation actuelle, c'est d'établir en principe et de maintenir avec fermeté l'obligation pour les capitaines de subir un jugement, dès qu'il y a eu naufrage, échouement, délaissement de navire, abordage ou accident qui entraîne la mort ou des blessures.

Si le capitaine s'est bien conduit, le tribunal n'aura qu'à le féliciter ; sa réputation n'en sera que mieux établie, son courage et son talent seront honorés comme ils le méritent. S'il est coupable, sa punition servira d'exemple aux autres et les rendra plus circonspects.

Les gouvernements ont senti la nécessité d'une semblable législation. Dans toutes les marines militaires, un commandant est toujours obligé de passer devant un conseil de guerre quand il a perdu son navire. La responsabilité très-réelle qui pèse sur lui l'oblige à être sévère, à son tour, envers son équipage et ses officiers, et à punir ceux qui manquent à leur devoir. Aussi doit-on reconnaître que les accidents sont beaucoup moins nombreux, et en général beaucoup moins graves, dans la marine de guerre que dans la marine marchande.

Les assureurs marseillais out compris comme nous que la responsabilité, écrite dans les lois pour le capitaine, devait devenir une réalité. A la date du 15 mai 1858 ils ont adressé une lettre dans ce sens à la chambre de commerce de leur ville, avec prière de la faire parvenir au ministre.

« L'intérêt du commerce, disaient-ils, exige en pareil
« cas un examen sévère de la conduite du capitaine. Il
« importe qu'une décision de juges spéciaux prononce la
« déchéance du capitaine qui aurait perdu un navire par
« suite d'incapacité, et réhabilite celui qui n'aurait pas dé-
« mérité de l'estime et de la confiance publiques. »

Cette lettre est restée sans réponse.

Il est inutile de répéter ce que nous avons déjà dit sur la législation anglaise ; elle a admis aussi le jugement des capitaines. Jusqu'à présent il est facultatif, et le *Board of Trade* décide souverainement des cas où il doit avoir lieu. Mais dans peu d'années, nous en sommes convaincu, le jugement deviendra obligatoire. Quand un gouvernement se donne la peine de chercher à connaître un mal dans toute son étendue, il est bien près d'adopter les mesures nécessaires pour l'atténuer d'abord et le détruire ensuite.

XIII.

Nous avons déjà eu l'occasion de montrer que, dans certaines circonstances, le capitaine, lorsqu'il commettait des actes répréhensibles, agissait d'accord avec son armateur. Atteindre le capitaine et le punir ne suffit pas toujours. On serait exposé à frapper seulement celui qui exécute le méfait et à laisser dans l'ombre celui qui l'a ordonné ou qui en profite.

Il serait injuste aussi de rendre le capitaine responsable d'un accident, lorsque l'avarice de l'armateur lui aurait refusé les moyens nécessaires pour mettre son navire en état complet d'entretien et d'armement. Le code de commerce (art. 232) a prévu le cas en partie. « Si le bâtiment « était frété du consentement des propriétaires, et que « quelques-uns d'entre eux fissent refus de contribuer aux « frais nécessaires pour l'expédier, le capitaine pourra en « ce cas, vingt-quatre heures après sommation faite aux

« refusants de fournir leur contingent, emprunter à la
« grosse pour leur compte, sur leur portion d'intérêt dans
« le navire, avec autorisation du juge. »

Enfin la responsabilité de l'armateur doit être engagée
pour les cas de blessures ou d'homicide par imprudence. Il
est de principe, dans les lois de tous les peuples, que le chef
d'une entreprise quelconque est responsable des faits et
gestes de ses employés, à moins qu'il ne puisse prouver
que ses agents ont contrevenu à ses ordres positifs.

Cette idée est contenue dans l'art. 216 du code de commerce. « Tout propriétaire de navire est civilement res-
« ponsable des faits du capitaine... »

Si on appliquait à la marine les lois ordinaires sur cette
responsabilité, de nouvelles clauses ne seraient pas nécessaires ; celles qui existent suffiraient amplement.

Il est extrêmement rare qu'on poursuive un armateur,
même pour des actes qui compromettent sa moralité, et je
ne crois pas qu'on ait jamais vu en France un propriétaire
de navire condamné à la suite d'un accident dont il aurait
été en partie la cause, par sa négligence ou par un défaut
d'entretien calculé. A cet égard, le jugement obligatoire des
capitaines mettra souvent sur la trace de délits qui restent mystérieux et se commettent tranquillement aujour-
d'hui. La crainte du châtiment retiendra beaucoup de
ceux auxquels une impunité certaine avait donné une con-

science très-large. Il importe donc de déclarer la législation ordinaire de tout point applicable aux faits qui se passent sur l'Océan, et de mettre le code de commerce en harmonie avec ce principe.

Sur ce chapitre encore, la loi anglaise s'est montrée plus prévoyante. Un titre tout entier du « *Merchant shipping act 1854* » est consacré à la responsabilité des armateurs. Voici le résumé de quelques-uns de ces articles qui ont plus spécialement rapport à notre sujet :

Art. 507. En cas de perte de vie ou de dommage quelconque à un individu, le *Board of Trade* peut ordonner des poursuites contre les armateurs.

Art. 508. Chacune des parties peut requérir que la question soit jugée par un jury spécial.

Art. 510. L'amende réglementaire pour *chaque* cas de mort ou de blessures est de 30 livres sterling.

Art. 511. Toute personne qui n'est pas satisfaite de cette amende peut introduire une action civile pour son propre compte.

Art. 512. Si le *Board of Trade* refuse de poursuivre, les intéressés peuvent, nonobstant, introduire une action contre les propriétaires du navire.

Art. 513. Le *Board of Trade*, après avoir refusé les poursuites, peut toutefois en ordonner par la suite s'il le juge nécessaire.

Ces stipulations ne sont point illusoires, car, lorsque les enquêtes sur les accidents sont conduites avec persistance, des cas se présentent où l'armateur est mis en cause, et se trouve exposé aux atteintes de la loi. Nous retrouvons encore ici des lacunes. Une amende fixe ne suffit pas toujours. Mais, comme l'instruction peut conduire à la découverte de circonstances aggravantes, la loi pénale anglaise retrouve quelquefois son empire, et son application est moins douteuse que si on fermait complétement les yeux, et qu'on ne s'occupât nullement des accidents, comme on le fait en France.

Après avoir critiqué ce qui existe et montré l'insuffisance des codes actuels chez les deux nations les plus avancées, il nous reste encore à faire la partie la plus difficile de notre travail : l'exposition de ce que nous croyons nécessaire pour atteindre le but. Nous n'avons pas la prétention de formuler une loi modèle et de donner une solution complète. Dans une question aussi importante, nous ne pouvons qu'être modeste, et nous nous bornons à présenter quelques idées, sur lesquelles nous appelons l'attention des gouvernements. C'est à eux d'étudier de près nos propositions et à les modifier pour leur donner une forme compatible avec les besoins, les mœurs, les lois et les circonstances particulières de leurs pays respectifs. Il ne s'agit pas de renverser la législation actuelle pour la remplacer par une autre que l'on créerait de toutes pièces. Il suffit de perfectionner celle qui existe chez les grandes nations maritimes, et d'y ajouter les dispositions devenues indispensables aujourd'hui. Nous avons un guide sûr dans cette entreprise, c'est l'enseignement du passé, ce sont les principes admis pour la législation terrestre. Les progrès des sciences nous permettent aussi d'être plus exigeants qu'autrefois, de garantir d'une manière plus efficace l'existence des gens de mer. Là où naguère régnait peut-être l'inconnu, nous trouvons des indications précises et quelquefois même infaillibles. Essayons de profiter de toutes ces conquêtes ; l'œuvre n'en sera que plus grande et plus utile. Les premières tentatives pourront ne pas avoir des résultats immédiats aussi considérables qu'on l'aurait espéré, parce que les nouvelles mesures seront encore d'une application difficile ou incertaine, parce qu'elles n'auront pas, dès le premier jour, toute la perfection désirable. Mais on ne doit pas se décourager ; s'il y a beaucoup à faire, ce n'est pas une raison pour s'endormir dans l'immobilité. La persévérance est un devoir lorsque des intérêts aussi graves sont en jeu.

XIV.

La première et la plus délicate des modifications dont nous ayons à parler se rapporte aux constructeurs. Il doit être évident, après ce qui précède, que cette classe d'industriels dispose, jusqu'à un certain point, de la vie des hommes. D'après l'état actuel de la législation, ils sont presque complétement irresponsables, alors même qu'ils font des navires dangereux.

Quelquefois un armateur ne veut pas mettre un prix suffisant pour avoir un bon navire, et le constructeur lui en donne pour son argent, à moins que par conscience il refuse le travail, ou ne consente à faire un marché onéreux; ce qui est peu dans les habitudes du commerce et des hommes quels qu'ils soient. La loi n'aurait pas à se mêler d'un marché semblable, s'il n'avait pas d'autre conséquence que celle de fournir à l'acheteur une marchandise proportionnée à son prix. Ici le cas est plus complexe, car ce mauvais navire doit porter un équipage, et ses défectuosités, si elles sont graves, peuvent mettre en péril beaucoup d'existences. Comment empêcher cet abus? La surveillance que nous voudrions voir organisée pour le matériel naval serait suffisante si elle était rigoureuse, car un bâtiment dangereux sortant des ateliers ne pourrait prendre la mer avant d'être mis tout à fait en état. Le mal ne serait pas grand s'il ne s'agissait pour l'autorité que de quelques changements à exiger. Mais il se présenterait probablement des cas où le navire devrait être déclaré inadmissible et ne pourrait subir d'autre opération que le dépècement. L'inconvénient serait alors plus sensible, car un bateau mal construit et réduit à une inutilité absolue serait une perte d'argent, de temps et d'efforts pour les parties intéressées. Mieux vaut faire en sorte que, par l'effet même de sa position et des nécessités morales qui y sont attachées, aucun constructeur ne puisse consentir à faire un appareil ou un navire qui ne présenterait pas toutes les conditions convenables de sécurité. La loi doit chercher à prévenir les écarts qu'elle est appelée à réprimer. C'est là surtout son rôle le plus grand et le plus civilisateur ; son intervention devient alors moins vexatoire et laisse plus d'influence à la dignité et à la liberté individuelles.

Un défaut de connaissances peut être aussi la cause de constructions dangereuses que les capitaines et les armateurs ne sauraient contrôler dans tous les cas, puisqu'ils ne sont pas toujours initiés aux règles de l'art. Le péril qui en résulte est donc le fait du constructeur. Si les ingénieurs chargés du contrôle administratif du matériel naval étaient obligés de réparer toutes les sottises qui se commettent, ils devraient, dans certains cas, refaire complétement les projets des ateliers et ne pourraient suffire à leur tâche. Une pareille immixtion serait d'ailleurs abusive et presque impossible. Le constructeur n'aurait plus aucune initiative; il serait réduit au rôle d'un contre-maître. On substituerait ainsi l'État à l'industrie privée. La conséquence infaillible de ce système serait d'éteindre chez cette dernière toute émulation, tout désir de progrès et, ce qu'il y a de plus important, le sentiment de la responsabilité personnelle.

Pour éviter ces deux écueils sans compromettre le résultat à atteindre, il nous semble que le moyen le plus sûr est d'exiger que les constructeurs justifient, à l'avenir, de la somme de connaissances indispensables à leur métier. Les mêmes raisons qui ont conduit à demander aux capitaines des garanties analogues, peuvent être invoquées à cet égard dans toute leur généralité. Si le capitaine emploie le navire, c'est le constructeur qui l'exécute. Si le docteur use des remèdes, c'est le pharmacien qui les prépare, et je ne crois pas qu'on ait jamais blâmé la loi de les soumettre l'un et l'autre à des études nécessaires pour obtenir le diplôme sans lequel ils ne peuvent exercer.

Le gouvernement français ne prend ses officiers du génie maritime que dans l'élite de notre jeunesse ; il a soin de leur donner une forte et solide instruction avant de les envoyer dans les arsenaux. Est-ce un luxe inutile que ces précautions? N'est-ce pas à ce soin, au contraire, que la France est redevable d'avoir aujourd'hui la meilleure flotte de guerre du monde? N'est-ce pas à Euler, à Bouguer, à d'Alembert, à Duhamel, à Sané, à Campaignac, à Dupuy de Lhôme et à tant d'autres savants que nous devons tous les progrès importants de la construction navale? A mesure que les problèmes se sont compliqués, que la variété des conditions à remplir est devenue infinie, que la science et ses applications ont étendu leur sphère, l'urgence d'une base rationnelle et de connaissances sérieuses est devenue plus pressante. L'observation des faits, l'expérience ne produisent que des idées fausses, des systèmes plus ou moins absurdes, quand elles ne sont pas éclairées par la méthode philosophique, par la connaissance des lois qui président aux phénomènes naturels. Il ne serait pas logique d'admettre qu'il faut beaucoup d'instruction pour construire de bons navires de guerre, mais très-peu pour confectionner des navires de commerce.

Nous proposons donc

1° Qu'à partir d'une époque à déterminer, nul ne puisse exercer le métier de constructeur de machines de mer et de navires, ni diriger la partie technique d'un atelier pour le compte d'autrui, s'il n'est pourvu d'un diplôme délivré suivant les règlements d'administration publique.

2° Que les connaissances exigées pour ce diplôme soient identiques avec celles que doivent posséder les ingénieurs de la marine militaire.

3° On pourrait excepter de cette obligation les individus qui se bornent à la construction d'embarcations non pontées, de chalands, d'alléges et autres bâtiments avec lesquels il est impossible de faire une traversée.

Un homme instruit apportera dans la pratique, *même à son insu*, cet esprit d'analyse et ces principes qui passent à l'état *d'habitude* chez ceux qui ont longtemps exercé leur intelligence. L'application de tous les jours empêchera d'oublier ce que l'on a appris et perfectionnera des connaissances qui demandent cette application elle-même pour acquérir toute leur maturité. Les esprits paresseux et routiniers, ceux qui par mauvaise volonté ou par défaut d'organisation sont incapables d'acquérir l'instruction obligatoire, se verront écartés d'une industrie qui importe tant à la sécurité publique et à la prospérité des nations, ou seront relégués dans des emplois secondaires qui peuvent aisément leur être confiés. Le malheur sera petit. Ceux, au contraire, qui auront traversé avec succès la période des études et les examens qui la termineront, gagneront en considération et en valeur véritable. Les hommes dont le rôle et le développement intellectuel auront été ainsi relevés comprendront plus aisément leurs devoirs, leur mission et leur responsabilité; ils saisiront ce qui peut être vicieux dans leur travail et seront moins disposés à s'accommoder de toutes les exigences. D'ailleurs, pour les cas où ils s'écarteraient de ce qu'ils doivent faire, le contrôle sera là pour arrêter les mauvais navires.

XV.

Au point de vue du bon établissement et du bon entretien, il y a plusieurs sortes de mesures à prendre. Sans
gêner l'essor de l'industrie individuelle et le progrès, on
peut empêcher la construction de ces bâtiments dont nous
avons signalé les dangers. Il s'agit de faire pour la marine
quelque chose d'analogue à ce que la loi française a fait
pour les chaudières à vapeur. L'inconvénient de la régle-
mentation abusive peut être facilement évité; il suffit de
fixer seulement des *minima* au-dessous desquels on ne
pourra jamais descendre. Des tableaux pareils sont d'autant plus praticables que dans la marine militaire ils existent bien autrement absolus que nous ne les demandons
pour la marine marchande, car ils déterminent l'équarris-
sage de chaque pièce, le détail du chevillage, etc., etc. Or
l'existence de ces règles n'empêche pas le progrès et permet

les formes, les dimensions les plus variées. Le *Lloyd* anglais et le *Veritas* français ont également déterminé des échelles minutieuses pour les différentes parties des bâtiments et prescrit d'une manière très-précise les soins à prendre dans l'exécution, le chevillage, les assemblages, etc., etc. C'est le seul moyen qu'aient trouvé ces deux importantes institutions pour diriger leurs experts dans leurs appréciations et pour forcer les armateurs à faire de bons navires. Ce n'est pas ici le lieu de critiquer ces règlements que le lecteur trouvera dans les registres publiés chaque année et qui sont entre les mains de tous les assureurs. Nous tenons seulement à prouver que ce que nous proposons est possible et qu'il existe des modèles qui, convenablement transformés, pourraient remplir complétement le but. Si l'on examine les progrès très-réels que les registres anglais et français ont imposés à une partie du commerce, comme solidité et comme perfection de travail, on comprendra aisément toute l'influence que pourrait avoir la mesure générale que nous conseillons, car elle aurait, de plus que les règles du *Lloyd* et du *Veritas*, la sanction de la loi et la surveillance du contrôle. Il faut observer que l'expérience, éclairée chaque année par des faits nombreux, peut amener des perfectionnements successifs dans les règles prescrites. Il importe donc de laisser à l'administration le soin et le devoir de former ou de modifier les tableaux de *minima*, avec la faculté de s'en écarter après examen dans les cas où de nouveaux systèmes de construction se produiraient et seraient reconnus satisfaisants pour la sécurité.

Pour les navires en fer particulièrement, il serait très-important de rendre obligatoire l'usage de cloisons étanches, méritant réellement ce titre et qui ne seraient pas de simples parois en tôle destinées à gonfler les prospectus des armateurs. Voici les principales dispositions que nous croyons utiles :

Tous les navires en fer devraient avoir au moins deux cloisons étanches partageant le navire en trois parties à peu près d'égale capacité. Dans les vapeurs ces deux cloisons seraient placées l'une à l'avant, l'autre à l'arrière de la chambre des machines. Outre ces deux cloisons principales, tous les navires devraient en avoir deux petites, l'une fermant le coqueron de l'avant et l'autre le coqueron de l'arrière. Ces deux dernières seraient de la plus grande utilité dans beaucoup de cas d'abordage, d'échouage, de choc contre un récif, etc. Elles peuvent dans certaines circonstances sauver complétement le bateau.

Toutes les cloisons devraient s'élever jusqu'au pont supérieur dans les navires sans spardeck et jusqu'au deuxième pont dans les navires à spardeck. La cloison du coqueron arrière qui doit s'arrêter au pont sur lequel est placé le salon, serait réunie à un petit plancher en tôle étanche rivé

contre les flancs du navire de manière à fermer complète-
ment le coqueron de l'arrière.

Toutes les cloisons devraient être faites de manière à n'in-
terrompre aucune des liaisons longitudinales du navire,
bauquières, gouttières, vaigres, etc., etc., qui les traverse-
raient de part en part. Partout où une pièce fixe ou mobile
devrait passer la cloison, cette dernière serait rendue
étanche autour du passage.

Dans les navires à hélice l'arbre serait enfermé sur toute
sa longueur dans une galerie à parois étanches qui pourrait être fermée hermétiquement sur l'une de ses sections.

Pour les navires d'une dimension un peu forte, 500 tonneaux par exemple et au dessus, les deux cloisons du milieu
seraient doubles, fermées de toutes parts. On les soumet-
trait à une épreuve dans laquelle elles devraient être complétement remplies d'eau sous une pression modérée sans
qu'il s'y manifestât aucune fuite notable. En insérant des
lames de plomb entre le bordage et les membrures qui
portent les cloisons, puis, en exécutant une rivure et un
mattage soignés, il serait très-facile de satisfaire aux conditions précédentes.

Toutes les ouvertures dans les cloisons étanches seraient
faites de manière à pouvoir être exactement fermées à volonté par des portes convenablement disposées et comman-
dées par un mécanisme très-simple qu'on manœuvrerait

de dessus le pont. Ce mécanisme et ces portes devraient toujours être entretenus en excellent état, et le capitaine devrait s'assurer par lui-même tous les jours qu'ils fonctionnent sans obstacle. On comprend l'utilité d'une semblable précaution afin de pouvoir empêcher l'eau de gagner tout le navire lors d'un accident imprévu, alors que tout le monde doit quitter la cale au plus vite et se réfugier sur le pont.

Enfin, les cloisons étanches devraient être exécutées en tôle suffisamment épaisse, renforcée par des armatures à la satisfaction des ingénieurs du contrôle, et attachées aux parois de façon à ne pas couper la carène et les murailles sur tout leur périmètre. Un bateau anglais s'est perdu dans la mer des Indes, parce que les trous des rivets qui fixaient une de ses cloisons l'avaient tellement affaibli sur la section verticale correspondante, que dans un coup de tangage, il s'est partagé en deux à l'endroit même de la cloison.

Si les prescriptions précédentes étaient suivies avec conscience et que les coques fussent exécutées convenablement, il n'y aurait que très-peu d'exemples de navires en fer perdus. Le danger, même au milieu des plus violentes tempêtes, serait à peu près nul et, en cas d'échouage, le navire serait sauvé dans la grande majorité des cas.

Quant aux diverses parties de l'armement, embarcations, ancres, chaînes, pompes, instruments de toute sorte, etc., il n'y aurait rien d'insolite à les déterminer d'une manière complète pour chaque classe de navires, car la loi anglaise est déjà fort détaillée, et la loi française contient aussi quelques dispositions à ce sujet. En adoptant comme le *Board of Trade*, et en l'étendant à un plus grand nombre d'objets, l'obligation pour les constructeurs de marquer de leur nom, d'un numéro d'ordre et d'autres indications qui seraient jugées nécessaires, certains appareils dont l'importance est majeure, on arriverait à de bons résultats comme valeur et perfection du travail, comme responsabilité et comme contrôle. Il ne serait pas inutile non plus de prescrire pour quelques parties de l'armement des épreuves qui, sans dépenses notables, pourraient être faites chez le fournisseur, sous la surveillance des ingénieurs de l'État. Les pompes sont très-souvent mal faites, ou en nombre insuffisant, ou presque hors de service ; soit les pompes à incendie, soit les pompes de cale. Elles devraient être l'objet d'une surveillance spéciale dans les visites périodiques que les navires auraient à subir.

Nous en dirons autant des instruments nécessaires à la navigation, sextants, cartes, etc. La négligence des armateurs et des marins à cet égard dépasse toute idée. On a vu par les tableaux statistiques le nombre relativement considérable d'accidents qui n'avaient d'autre cause que l'absence ou le mauvais état de quelques-uns de ces outils des marins. De bons instruments, de bonnes cartes sont des objets dispendieux, aussi les armateurs n'en font presque jamais entrer dans leurs armements. Ce sont les capitaines qui les achètent, et souvent par économie ou par ignorance ils se contentent de bien peu. Rien ne serait plus facile que d'établir et de faire observer un bon règlement sur ce chapitre.

Nous avons une remarque incidente à présenter. En Angleterre, le budget annuel consacré à l'exécution et au perfectionnement des cartes hydrographiques, s'élève à 4 ou 5 millions de francs. Le chiffre employé au même usage par la France ne nous est pas exactement connu, mais nous pouvons dire qu'il n'atteint pas 400,000 francs par année. En général, lorsqu'on veut de bonnes cartes, il faut les acheter à Londres.

Les mesures préventives contre les incendies ne sont pas assez générales. Outre de bonnes pompes, qui manquent trop souvent, comme nous l'avons déjà dit, il faut se munir d'autres instruments. Chaque fois qu'un navire porte un chargement entier ou une portion de chargement spontanément inflammable, il devrait avoir des thermomètres mobiles plongés dans des gaînes-métalliques fixes et minces, pénétrant dans diverses parties des matières suspectes. En examinant de temps à autre ces appareils, on serait averti des échauffements qui se produisent lorsqu'il serait encore possible d'y porter remède. Il y a plus ; nous pensons que deux ou trois thermomètres devraient être placés à l'intérieur de toutes les cales de manière à pouvoir être retirés et examinés fréquemment.

Les incendies qui éclatent *tout à coup*, et dont ces derniers mois offrent de nombreux exemples, deviendraient alors discutables.

Les navires de guerre anglais portent tous dans leurs soutes à charbon des thermomètres disposés comme on vient de l'indiquer. Plusieurs mécaniciens et des officiers de la marine britannique m'ont affirmé que les indications de ces instruments les avaient quelquefois préservés d'accidents dangereux.

Les cheminées des bateaux à vapeur rougissent souvent par leur base, et lorsque les boiseries environnantes ne sont pas convenablement défendues, elles s'embrasent au moindre vent et peuvent amener des catastrophes. Plusieurs bateaux à vapeur se sont perdus de la sorte. J'ai été témoin, dans un seul jour, de deux incendies successifs amenés par cette cause, à quelques heures d'intervalle, sur un magnifique paquebot chargé de plus de trois cents personnes. Le commandant fut obligé de faire enlever à coups de hache et jeter à la mer tout ce qui était autour de la cheminée. Sur un navire moins bien commandé et pourvu de moyens répressifs plus faibles, les conséquences auraient pu être terribles.

Rien n'est plus aisé que de se mettre à l'abri de semblables chances. On pourrait environner la base de la cheminée jusqu'au haut du pont d'une enveloppe de vapeur faisant suite au dôme de la chaudière. Le danger serait complétement écarté. Les compagnies postales anglaises ont déjà adopté cette disposition sur un grand nombre de bâtiments.

Pour les machines il y aurait à conserver quelques-uns des articles de l'ordonnance du 17 janvier 1846, qui sont indispensables, mais il serait aussi nécessaire de compléter ce règlement. Nous croyons très-utile que l'administration exige, comme pour le navire, le dépôt d'une copie exacte des plans d'ensemble qui ont servi à l'exécution. Sans cette précaution, la visite qui devrait précéder la délivrance du permis de navigation serait fort longue et pourrait ne pas être sérieuse. Il est une multitude de petites dispositions, de robinets, de tuyaux, de trous et d'appareils vicieux qui échappent à l'œil le plus exercé, lorsqu'on n'en connaît pas l'existence et qu'on en ignore les détails. Ordinairement ils sont dissimulés dans le labyrinthe des pièces de la machine ou dans les profondeurs de la cale par les mille embarras qu'on trouve toujours moyen d'y loger. Il y a certaines soupapes dont l'absence est un danger permanent, certains accessoires dont l'existence est nécessaire à la sécurité. Il faut qu'on puisse aller les chercher dans leurs cachettes ou constater leur défaut. Des exemples nombreux, je dirai même incroyables, sont faciles à trouver; mais, comme nous serions obligé d'entrer, pour chaque fait, dans des considérations beaucoup trop techniques, nous demandons à être cru sur parole.

La loi devrait rendre l'entretien en bon état du matériel naval une condition *sine quâ non* de navigation. Il serait également indispensable d'exiger de tout navire, au moins une fois par an, le passage dans le dock et le nettoyage de sa carène pour enlever les bernacles et les herbes marines qui auraient pu s'y attacher; ces matières peuvent quelquefois masquer une avarie qui sans cette opération serait restée inconnue. Le doublage en cuivre des navires en bois a besoin d'être surveillé; autrement des feuilles se détachent dans les fonds et permettent aux tarets et aux autres insectes d'attaquer le bordage. Dernièrement, un navire presque neuf était condamné à l'étranger, parce que, faute des précautions précédentes, le cuivre s'était usé à l'insu du capitaine. Les œuvres vives, dévorées par les parasites, faisaient eau de toutes parts.

Le contrôle devrait visiter les navires chaque fois qu'ils seraient mis à sec sur les cales ou dans les docks.

XVI.

Nous avons montré combien il est nécessaire de se préoccuper de la stabilité des navires et de régler pour chacun d'eux les limites de chargement. Les mesures à prendre pour atteindre un résultat certain sont très-simples et d'une application très-sûre.

En premier lieu, et afin d'être certain que les constructeurs se rendent bien réellement compte des conditions dans lesquelles ils établissent leurs bâtiments, il suffirait d'exiger, qu'avant la délivrance du permis de navigation, le propriétaire fût obligé de déposer au bureau du contrôle un plan détaillé et exact du navire, accompagné des calculs de déplacement, de stabilité et de voilure, qui *doivent toujours être faits préalablement à la mise en chantier*, mais dont *on se dispense très-souvent*. L'armateur devrait fournir, en outre, le devis détaillé des échantillons, du chevillage, et l'inventaire de l'armement. Ces documents étant destinés à

faire foi, devraient être certifiés véritables par le constructeur et l'armateur. Des peines très-sévères seraient formulées
contre les falsifications qu'ils pourraient renfermer. L'administration fournirait un modèle type des plans et des calculs à donner. J'insiste sur cette dernière condition , parce
qu'elle permettrait d'avoir des calculs comparables dans
tous les cas, et de recueillir une foule d'observations utiles
qui serviraient puissamment au progrès de la science. Ce
plan et ces devis pourraient aussi avoir une grande importance, lorsque le capitaine ou l'armateur seraient mis en
jugement à la suite d'un naufrage ou d'un accident, car ils
pourraient servir de base à des appréciations exactes des
ingénieurs du contrôle ou du tribunal, et mettre sur le
chemin de la vérité.

Avec ce plan et ces devis, dont la parfaite conformité
devrait être vérifiée, l'administration pourrait fixer :

1° Les flottaisons maximum et minimum que le navire
ne pourrait jamais dépasser ;

2° Le poids maximum de marchandises que le navire
pourrait recevoir ;

3° Les limites en hauteur et en poids des chargements
sur le pont, qui resteraient toujours soumis au consentement par écrit des chargeurs ;

4° La densité moyenne maximum du chargement que le
navire pourrait porter. Cette clause est nécessaire pour

éviter le transport de marchandises trop lourdes pour la solidité respective des bâtiments; l'exécution en est d'autant plus aisée que le poids des cargaisons peut toujours être connu à la douane, soit à l'arrivée, soit au départ. Le poids total ainsi déterminé, divisé par le volume de la marchandise (que donnerait l'échelle de capacité de la cale tracée sur le devis et sur le permis), ferait connaître immédiatement la densité moyenne cherchée. Le dernier commis de la douane suffirait à cette mince besogne.

Les flottaisons extrêmes seraient indiquées par des repères placés sur l'étrave, l'étambot et le milieu de la muraille. En outre, la flottaison supérieure serait marquée par une ligne continue, formée soit par le bord du doublage en cuivre, soit par une ligne faite à la peinture, soit encore par la limite commune de deux couleurs.

L'étrave et l'étambot devraient aussi porter chacun une échelle en mètres formée de chiffres très-apparents et d'une dimension uniforme, dont l'origine serait au trait inférieur de la râblure de quille et qui serait destinée à faire connaître l'immersion de la carène. Combinées avec les trois repères de flottaison, ces échelles pourraient servir à mesurer les accroissements de l'arc pris par le navire à la suite d'une fatigue exceptionnelle ou d'un long service.

Toutes ces prescriptions seraient relatées en toutes lettres et avec détail sur les permis de navigation de chaque bâtiment. Rien ne serait alors plus facile aux agents du contrôle, aux préposés des douanes et même à la gendarmerie, que de vérifier la position correcte des repères et l'exacte observation des conditions imposées par l'autorité. L'expédition en douane et la sortie du port seraient impitoyablement refusées à tout navire qui serait trouvé en contravention. Comme toutes les mesures relatives au chargement sont d'une importance extrême pour la sécurité de la navigation, des peines très-sévères seraient appliquées aux coupables. Dès que la loi serait promulguée, rien ne pourrait excuser l'oubli des règlements.

XVII.

L'institution des permis de navigation n'est pas nouvelle, mais pour atteindre son but il faut qu'elle soit généralisée, qu'elle reçoive des modifications importantes et qu'elle soit mise en pratique avec fermeté. Les permis anglais nous offrent quelques dispositions qui doivent être imitées.

Nul navire, quelle que soit sa dénomination, ne pourrait être expédié en douane et sortir du port sans exhiber son permis de navigation, portant mention des visites réglementaires.

Les permis, comme dans le royaume uni, seraient valables pour six mois au plus, ou pour un temps moindre qu'ils indiqueraient d'une manière très-apparente, si l'administration jugeait nécessaire de réduire la durée. En cas de voyage lointain qui serait présumé durer plus de six mois, le permis ne s'étendrait qu'à un voyage. Dans tous les cas, les permis seraient immédiatement déposés sur la réquisition du contrôle, et suspendus ou supprimés si l'autorité supérieure le trouvait nécessaire dans un intérêt de sécurité publique.

Les permis porteraient en toutes lettres :

1° Leur durée;

2° Les visites que le navire doit subir;

3° Le nombre de passages obligatoires dans le dock;

4° Les indications nécessaires pour vérifier la position des repères de flottaison;

5° L'échelle de déplacement et celle de capacité pour les cales à marchandises;

6° Les conditions imposées pour le chargement;

7° L'inventaire de l'armement ordonné par la loi;

En un mot, les prescriptions de toute nature auxquelles le navire est assujetti et que les agents ordinaires de l'autorité doivent avoir sous les yeux pour être certains qu'ils peuvent permettre le départ;

8° Les mentions de chacune des visites réglementaires ou accidentelles signées et timbrées par le contrôle.

Tout navire serait contraint de subir une visite; à la sortie des ateliers, après avoir complété son armement; chaque fois qu'il devrait renouveler son permis de navigation; et au moins une fois dans l'intervalle, ou plus souvent si l'état du bâtiment engageait l'autorité à stipuler sur le permis des visites plus fréquentes. En cas de voyage de long cours, la visite serait faite avant chaque départ. Dans tous les cas, les visites ne pourraient être éludées sous aucun prétexte et elles devraient avoir lieu toujours avant le chargement.

Il existe en France et en Angleterre un registre de bord ou *log book* dont la législation paraît avoir compris l'importance, mais qui dans l'état actuel est une formalité sans valeur, comme beaucoup de choses dans la marine. Les capitaines sont censés obligés d'y consigner toutes les dépenses faites par le navire en voyage, les événements de mer, leurs observations de toute nature. Ce registre doit être arrêté dans chaque port par le magistrat ou le consul.

Le perfectionnement de ce livre de bord aurait des conséquences utiles, au point de vue de la simplification et de la facilité de la surveillance. On obtiendrait souvent par ce moyen des renseignements précieux pour juger la conduite des capitaines et découvrir les fraudes commises par eux ou par le propriétaire. Voici ce que nous croyons propre à obtenir ce résultat, et conforme aux principes qui ont inspiré aux auteurs du code de commerce français la création du registre de bord.

Nous partagerions le registre en deux parties distinctes et séparées. La première qu'on pourrait appeler *livre de loch* pour conserver une expression consacrée par l'usage, recevrait les remarques du capitaine sur les qualités et les défauts de son navire, les résultats des observations de toute nature prescrites par les règlements. La seconde serait *l'état de services* du bâtiment. Elle porterait en tête l'inventaire d'armement, les résultats des calculs de stabilité, de voilure et de déplacement, les échelles du devis de construction, le détail des échantillons, etc. Elle servirait à tenir un journal renfermant les voyages, les événements de mer intéressant le matériel, la description des avaries et des réparations ou les modifications faites au bateau avec leur prix. Ce dernier livre, auquel nous conserverons le nom de *registre de bord* pour le distinguer du précédent, devrait être fait en double, un exemplaire restant chez l'armateur, l'autre entre les mains du capitaine. Il devrait être conservé tant que le navire ne serait pas rayé des contrôles de l'inscription, pour être présenté à toute réquisition. Afin de rendre la vérification possible, les constructeurs seraient tenus d'avoir un journal portant le détail et le prix de toutes les réparations effectuées par eux sur des navires. Le contenu des articles correspondants sur les trois livres devrait être conforme. On donnerait une valeur à ces écritures en les soumettant à la même législation que les livres de commerce. Les ingénieurs du contrôle et les consuls les arrêteraient lors de l'arrivée des navires et au moment des visites. Il ne nous semble pas qu'on doive éprouver beaucoup de peine à régler tout ce qui touche ces registres et à découvrir des moyens simples de rendre très-efficace ce mode de surveillance. Plusieurs grandes compagnies de navigation ont commencé quelque chose d'analogue, mais ces essais sont peu concluants parce qu'ils sont conduits avec trop d'insouciance.

XVIII.

La surveillance n'est qu'illusoire lorsque l'exécution des
meilleurs règlements est confiée à des commissions compo-
sées de gens étrangers au métier, ou occupés ailleurs d'affaires plus importantes pour eux et qui ne mettent aucun zèle
à remplir la mission dont ils sont chargés. Il importe donc, à
notre avis, de confier la surveillance du matériel naval et de
son emploi à des ingénieurs du génie maritime organisés à cet
effet comme ceux qui sont chargés du contrôle pour les chemins de fer. On pourrait placer à la tête un comité d'inspecteurs généraux qui auraient pour mission de rédiger les
règlements, d'y introduire les modifications annuelles et de
prononcer sur toutes les questions techniques qui donneraient lieu à discussion. Ce corps serait chargé de tout ce
qui a rapport aux visites et au contrôle du matériel, de déterminer pour chaque navire les conditions d'immersion et

de chargement, d'éclairer l'autorité administrative sur la délivrance des permis et l'autorité judiciaire sur les accidents de mer, de vérifier et d'arrêter les registres de bord. Ses divers membres auraient suivant leur grade ou leurs fonctions des droits équivalents à ceux des inspecteurs du *Board of Trade* en Angleterre. Ils pourraient visiter les navires et les machines en tout temps ; ordonner le passage au dock quand ils le jugeraient nécessaire ; suspendre le permis de navigation pour un temps limité sauf recours au comité supérieur ; sommer les armateurs et les capitaines d'exécuter les réparations ou les modifications qu'ils estimeraient indispensables à la sécurité, et sur leur refus les faire exécuter d'office. En cas d'accident ils auraient le devoir de faire une enquête et pour cela d'assigner tous témoins et de les entendre sous la foi du serment. Pour toutes les instructions, le magistrat devrait avoir recours à eux, car, dans des causes aussi spéciales, ses propres lumières seraient presque toujours insuffisantes.

Les frais nécessaires pour organiser cette surveillance effrayeront peut-être. Il est donc nécessaire de montrer par un exemple la limite de la dépense et la valeur des résultats à obtenir. En Angleterre, les permis ne sont délivrés que moyennant finance, et le produit de cet impôt doit défrayer le gouvernement du budget relatif aux inspecteurs du *Board of Trade*. On se rappellera que ces permis ne sont applicables qu'aux navires employés au transport des passagers.

Les nav. au-dessous de 100 tx payent 50 fr. par permis, soit par an 100 fr.
Les navires de 100 à 300 tx — 75 fr. — — 150 fr.
Les nav. au-dessus de 300 tx — 100 fr. — — 200 fr.

En étendant l'usage des permis à tous les navires, il serait nécessaire de modifier ce tarif, sous peine de commettre une injustice.

L'effectif de la marine française, le 31 décembre 1858, se composait comme suit (Annales du commerce extérieur, juillet 1859, n° 1174, page 51) :

Navires au-dessous de 30 tonneaux, 8.781 jaugeant 70.494 tonneaux.
— de 30 à 60 tonneaux, 1.531 — 65.248 —
— de 60 à 100 tonneaux, 1,726 — 132.747 —
— au-dessus de 100 tonneaux, 3,137 — 784.046 —

Total...... 15.175 navires. 1.052.535 tonneaux.

Le tonnage moyen est donc de 69 tonneaux par bâtiment.

En établissant le prix d'un permis à 0 fr. 50 par tonneau de jauge, comme il y a deux visites par année, le gouvernement percevrait annuellement un million. Cette somme est très-suffisante pour les frais du contrôle. Que nos lecteurs nous permettent de faire un petit calcul destiné uniquement à montrer la vérité de ce que nous avançons.

Il n'y a en France, y compris l'Algérie, que 30 départements touchant au littoral, et douze ou quinze ports qui ont quelque importance. Plusieurs de ces départements n'ont que des ports de pêche. En comptant en moyenne un ingénieur du contrôle par département, nous croyons être très-large. Ajoutons-en 10 autres et prenons le nombre total de 40 pour exagérer encore. Un ingénieur en chef par grand centre maritime, centralisant la surveillance des départements limitrophes, serait aussi suffisant. Or, il n'y a que cinq ports de premier ordre : le Havre, Nantes, Bordeaux, Marseille et Alger. Si nous admettons 8 ingénieurs en chef au lieu de 5, afin de prévoir tous les besoins du service, nous serons encore au-dessus de la vérité. Supposons une moyenne de deux contre-maîtres pour chaque ingénieur et plaçons trois inspecteurs généraux à la tête de tout ce personnel pour former le comité suprême dont nous avons parlé. Si nous payons tout ce monde bien au delà de ce qu'on a l'habitude de le faire en France, voici le compte auquel nous arrivons :

96 Contre-maîtres ou commis à 2.500 fr. l'an.. ...			240.000 fr.
20 Ingénieurs de 2ᵉ classe	à 4.000	—	80.000
20 Ingénieurs de 1ʳᵉ classe	à 8.000	—	160.000
8 Ingénieurs en chef	à 12.000	—	96.000
3 Inspecteurs généraux	à 20.000	—	60.000
Frais de bureaux et de tournée pour 48 ingénieurs à 3.000 fr. par tête........................			144.000
Frais de bureaux et de tournée pour 3 inspecteurs à 8.000 fr. par tête........................			24.000
Frais d'un bureau central et divers.............			150.000

954.000 fr.

Le contrôle ainsi composé serait même trop nombreux, surtout si les divers agents n'avaient d'autre occupation que celle de surveiller le matériel naval. Il n'y a guère, en effet, que les navires au-dessus de 100 tonneaux et les bateaux à vapeur au nombre de 330 (en tout 3.200 navires) qui demanderaient des visites un peu longues. Le fretin serait très-efficacement surveillé, en temps ordinaire, par les contre-maîtres sous la direction et avec les instructions de leurs chefs, auxquels ils auraient recours dans les circonstances graves.

On aura, du reste, un point de comparaison très-utile en examinant la composition du personnel employé au contrôle technique sur les chemins de fer français :

Ingénieurs en chef.............................. 13
Ingénieurs ordinaires........................... 43
Conducteurs et gardes-mines................. 81

(*Annales des mines*, 3° livraison de 1859.)

La plupart de ces fonctionnaires ne sont pas exclusivement employés au service des chemins de fer. Presque tous ont, en outre, une surveillance très-étendue à exercer sur les mines, usines, machines à vapeur, chemins, ponts, canaux, etc., etc. Sur 13 ingénieurs en chef, 10 sont seuls attachés spécialement au contrôle; mais ils joignent à leur service d'ingénieur proprement dit la surveillance administrative et celle de l'exploitation commerciale pour laquelle ils ont une foule d'agents particuliers. Si je pouvais donner ici un tableau complet des voies et du matériel que ce personnel doit examiner, le lecteur n'en croirait pas ses yeux.

Ainsi, avec moins de 1 million on pourrait organiser le contrôle du matériel naval en France, sans qu'il en coûtât rien à l'État. Il ne faudrait pas cependant s'arrêter à cette raison spécieuse, car l'argent nécessaire obtenu par les permis est tiré de la poche du contribuable. Pour savoir si nous sommes dans le vrai, il importe d'examiner ce que rapporterait à la France une pareille institution et de comparer le bénéfice avec la dépense. Nous voici en face d'une question économique pour laquelle il n'est pas possible de donner une solution rigoureuse. Mais on peut se contenter d'approximations déduites de chiffres officiels.

De 1852 à 1858, pendant une période de sept années, le nombre des navires français perdus a été de 2.973, sur lequel 636 bâtiments étaient de long cours. La moyenne des pertes annuelles est donc de 425 navires, dont 91 de long cours D'après le tonnage moyen de la marine française donné ci-dessus, ces 425 bâtiments représentent un total de 29,325 tonneaux. A 300 francs par tonneau de jauge, tout armement compris, ce qui est une valeur moyenne assez modérée, la perte annuelle sur corps serait de 8.797.500 fr. ou à peu près 9 millions.

Dans l'évaluation de la perte il faut également faire entrer la marchandise chargée. Pour arriver à l'estimation approximative de sa valeur, il faut séparer le tonnage relatif au long cours de celui correspondant au cabotage, à cause de la différence considérable de la valeur moyenne du tonneau dans ces deux sortes de navigation.

Le tonnage total des long-coursiers est facile à déterminer. Les *Annales du commerce extérieur* (juillet 1859 — n° 1174, page 49) donnent pour l'entrée et la sortie du pavillon français au long cours et au grand cabotage (navires chargés et sur lest, en 1857) un chiffre de 16.959 navires jaugeant 1.750.825 tonneaux, ce qui met à 103 tonneaux la jauge moyenne de ces navires. Les 91 long-coursiers perdus représentent donc 9.373 tonneaux. La différence entre ce dernier nombre et 29.325 tonneaux, jauge totale des bâtiments perdus annuellement, donne la perte due au cabotage, 19.952 tonneaux.

La valeur totale des marchandises, importation et exportation réunies, chargées sur les 16.959 navires français composant l'intercourse du long cours, était en 1857 de 1.810 millions. La valeur moyenne du tonneau de jauge en marchandises ressort donc à près de 1.100 fr. D'après cette donnée, les 91 long-coursiers perdus portaient une cargaison collective de 9.373 × 1.100 fr. = 10.310.300 fr.

La valeur moyenne des marchandises chargées sur les

caboteurs dépasse 500 fr. ; la valeur totale des cargaisons portées sur les 19.952 tonneaux perdus au cabotage s'élève donc à 10 millions de francs environ.

La somme des *valeurs engagées* dans les pertes totales se compose de :

Corps de navires.....................	9 millions.
Marchandises au long cours.........	10
Marchaudises au cabotage...........	10
Total...............	29 millions.

Nous croyons être très-rapproché de la vérité en admettant que le cinquième environ de cette somme est sauvé par diverses circonstances. Il reste donc environ *vingt-trois millions pour la valeur réellement perdue* dans les sinistres maritimes.

Pour compléter le chiffre des dépenses occasionnées par les événements de mer, il faudrait encore ajouter aux 23 millions précédents le montant des avaries de toute nature sur les navires et les marchandises. A cet égard, nous n'avons aucun moyen de poser des chiffres même approximatifs, mais nous pensons être au-dessous de la vérité en prenant pour valeur totale des avaries le 1/3 du montant des sinistres. La statistique anglaise donne à peu près 2 accidents contre une perte totale. Cette hypothèse établirait donc la valeur moyenne des avaries à 13 ou 14 pour 100 des valeurs, navires et cargaisons, atteintes par des accidents. La valeur totale serait de 8 millions à peu près (*).

D'après ces calculs, la marine marchande française éprouverait chaque année un dommage voisin de *trente et un millions* au moins.

Sinistres................... 23 millions.
Avaries. .... 8 —
Total......... 31 millions.

Nous n'avons pu trouver aucun renseignement positif sur la perte en marins et passagers qui résultait des sinistres, et qui doit être ajoutée aux conséquences des désastres maritimes. Il paraît qu'en Angleterre 2.000 à 3.000 matelots périssent chaque année dans les accidents de mer de toute sorte. Je n'ai pas de donnée sur le nombre des passagers qui sont aussi victimes et qu'il faudrait additionner avec le chiffre précédent.

A part la perte brute d'un capital considérable en produits divers et en hommes, d'autres faits aggravent encore le mal. Il faut songer à la somme d'activité individuelle que la société a perdue, au dommage causé par l'extinction

(*) Le calcul qui nous conduit au chiffre proportionnel des avaries est très-simple. Si l'on représente par l'unité la valeur des capitaux engagés dans les sinistres, la perte réelle occasionnée par ces désastres serait représentée par $\frac{4}{5}$. D'après notre hypothèse, le capital engagé dans les avaries devrait être alors représenté par 2 et la perte due aux avaries par $1 \times \frac{1}{2} \times \frac{4}{5} \times \frac{1}{3} = \frac{4}{30} = 0,133$.

d'un capital détruit tout à coup sans profit pour le consommateur, enfin à toutes les conséquences économiques engendrées par la loi de solidarité humaine.

Nous avons vu que dans les circonstances les plus favorables connues, 46 pour 100 des accidents, au minimum, devaient être attribués à un vice propre du matériel ou à la faute des équipages. En tenant compte de ceux occasionnés par des chargements dangereux, qui sont extrêmement communs, et dont la seule statistique dressée ne fait aucune mention, il n'est nullement exagéré d'évaluer au moins à 50 pour 100 le chiffre proportionnel des pertes qu'on pourrait empêcher. Il y a donc pour la France quinze millions de capital au moins et quelques centaines d'hommes qui pourraient être sauvés chaque année pour le plus grand bien du pays !

Mais ce n'est pas à ces résultats seuls qu'il faut mesurer la dépense occasionnée par le contrôle que nous voudrions voir établi. Tant que l'étude des phénomènes naturels resta entre les mains d'un petit nombre d'initiés, isolés les uns des autres, travaillant chacun pour son propre compte, sans méthode uniforme et sans but commun, la science fut presque insondable, à peu près inutile au monde et à ses plus ardents disciples. La physique et la chimie étaient le domaine des magiciens, l'astronomie celui des astrologues ; c'est à peine si quelques philosophes firent soupçonner l'existence des lois de l'univers. Chaque fois qu'un des chercheurs disparaissait, emportant avec lui au tombeau ce qu'un égoïsme mal entendu l'avait contraint à cacher, celui qui prenait sa place devait recommencer bien près du même point de départ. L'humanité était condamnée à rouler sans fin le rocher de Sisyphe. Le progrès moderne a commencé du jour où l'on a compris que le système du secret pour les observations et les connaissances personnelles était une faute, qu'il n'apportait aucun profit sérieux, mais nuisait au contraire à tous les intérêts. Dès lors le travail de tous les hommes occupés d'un même sujet a convergé vers un but commun ; chacun, profitant des conquêtes précédentes, a élargi le domaine des faits ; peu à peu on a pu grouper les phénomènes analogues, puis des intelligences supérieures ont discuté et coordonné ces richesses pour en déduire des lois générales. Ces efforts incessants et collectifs, qui se complètent mutuellement, constituent le seul moyen possible de créer une science. Un homme quel que soit son génie est impuissant à faire seul une pareille tâche. Malheureusement, pour l'architecture navale du commerce, l'époque des astrologues n'est pas encore tout à fait passée. Chacun doit se créer sa propre expérience, et s'il veut user de celle d'autrui, profiter des résultats obtenus, il est obligé d'employer la ruse pour obtenir des informations généralement incertaines ou incomplètes. Tantôt, c'est la crainte d'un

concurrent qui est la raison de ce secret impénétrable ;
souvent c'est l'ignorance qui en est le motif. Les marines
militaires qui seules ont des traditions, des archives, une
doctrine scientifique, sont environnées d'une muraille plus
haute que celle du Céleste Empire. C'est à peine si de temps
à autre il en sort quelques mémoires, n'ayant pour la plupart qu'une publicité fort restreinte. On n'a pas l'idée des
difficultés que rencontre celui qui veut compléter son instruction et étayer ses connaissances théoriques de faits précis et nombreux pour arriver à des conclusions rationnelles.
Aussi la science des constructions est-elle très-peu répandue. Mais quand les *résultats* de toute une marine marchande seront journellement recueillis, que des milliers
d'observations et de faits seront rassemblés chaque année
par les ingénieurs du contrôle, qu'un grand nombre
d'hommes instruits, poursuivant un même but, obéissant à
une inspiration commune, travailleront à créer une science
positive et philosophique, quels progrès immenses et imprévus ne devra-t-on pas attendre ? Quand un pareil succès
serait le seul qu'on pût espérer, il est assez important pour
qu'on y ait égard.

En résumé, l'établissement du contrôle doit conduire
d'après nous : à fonder pour le commerce et d'une manière
définitive, les bases de la science navale, à perfectionner
le matériel, à garantir la sécurité de la navigation et à sau-

ver une bonne partie des capitaux et des personnes que l'Océan engloutit chaque année. Est-ce trop pour un grand pays de payer quelques centaines de mille francs un résultat si considérable?

XIX.

Au nombre des modifications les plus nécessaires dans les lois actuelles, nous avons à signaler celles qui se rapportent aux capitaines et aux armateurs.

. Les examens des capitaines au long cours et des maîtres au cabotage auraient besoin d'être plus étendus et plus sévères, car on admet au brevet bon nombre d'individus qui sont tout au plus des loups de mer, des hommes à qui l'instruction paraît la première de toutes les superfluités, et qui croient pouvoir commander parce qu'ils savent brasser une voile.

Les connaissances hydrographiques devraient être plus grandes. Il est une multitude de faits et de principes acquis récemment par la science et qu'il n'est pas permis à un marin d'ignorer, car ils contribuent à la sécurité. Nous avons à présenter sur ce sujet une réflexion qui nous paraît nécessaire. Les magnifiques travaux du lieutenant Maury ont été faits avec les données innombrables fournies par une grande quantité de capitaines assez intelligents pour comprendre qu'il était de leur devoir de contribuer à une œuvre aussi importante. Chacun d'eux a envoyé au savant hydrographe les observations précises qu'il avait réunies dans le cours de ses voyages, sur les vents, les courants, les phénomènes divers, etc. Dressés sur un type uniforme, tous ces rapports ont donné à M. Maury les éléments de cartes nouvelles qui ont déjà produit des résultats très-remarquables. La vérification d'un grand nombre de faits encore douteux ou inconnus et qu'il serait urgent de mettre en lumière, dépend de la généralisation de ce système d'enquête universelle. Il est de l'intérêt de tous les pays que l'on puisse parvenir à déterminer le plus exactement possible les lois météorologiques. Ce serait donc une mesure des plus fructueuses que d'exiger des capitaines un ensemble d'observations très-simples, qui ne leur donneraient pas beaucoup de peine et qui, faites d'après les instructions communes, accumuleraient les matériaux nécessaires pour compléter le travail de M. Maury. Il y aurait à cela un autre avantage ; les capitaines seraient obligés de relever plus fréquemment leur position et de prêter plus d'attention à ce qu'ils rencontrent sur leur route. Ce serait un moyen indirect d'augmenter la sécurité de la navigation.

Les officiers, les mécaniciens, les maîtres d'équipage

devraient aussi passer des examens, chacun suivant sa spé-
cialité et l'importance des fonctions qu'il doit remplir.

Mais il s'agit surtout de rendre la responsabilité sérieuse
et véritable pour les capitaines et les officiers. Lorsqu'ils
sauront que leurs obligations sont réelles, qu'ils sont l'objet d'une surveillance vigilante exercée par des hommes
spéciaux et sanctionnée par une loi aussi explicite que sévère, ils comprendront tous, la dignité de leur mission et
les dangers auxquels ils s'exposeraient dans le cas où ils
oublieraient leurs devoirs. Il faut que les règlements établis
soient suivis strictement et les punitions infligées avec vigueur, sous peine pour la nouvelle loi de devenir illusoire.

Quant aux armateurs, il est un grand nombre de circonstances où ils devraient être présumés légalement complices
jusqu'à preuve contraire, des délits commis par le capitaine. Lorsqu'il y a fausse déclaration, violation des clauses relatives aux chargements, il est en général probable
que c'est l'armateur qui profite du fait, puisque cette fraude
a pour but soit d'augmenter le fret et les bénéfices, soit de
dissimuler l'état véritable du matériel. Sur ces deux points
nous proposerions donc de rédiger des dispositions analogues aux articles suivants :

« Toute erreur grave dans les registres, plans, déclara-
tions, copies, sera réputée volontaire du fait de l'armateur
et du capitaine solidairement. Ces faits constituent des

délits et sont passibles de la police correctionnelle, sans préjudice des circonstances aggravantes qui pourraient établir le crime de faux en écriture publique ou privée.

« Toute contravention à l'égard des conditions de chargement, tout déplacement des repères de flottaison, toute tentative pour les changer ou les dissimuler sont punis pour le capitaine de l'emprisonnement et de la suspension temporaire. La récidive est punie de la prison et de la perte définitive du brevet. L'armateur est présumé complice du délit et puni comme tel de peines équivalentes à celles portées contre le capitaine.

« Dans ces divers cas, l'armateur ou le capitaine sera mis hors de cause s'il peut prouver que ce délit a été commis à son insu, malgré ses ordres formels. »

Lorsqu'il y aurait avarie ou accident, le capitaine serait obligé de faire sa déclaration sous bref délai au bureau du contrôle le plus voisin afin de provoquer la visite immédiate du navire. Pour que la surveillance pût être exercée chaque fois qu'elle paraîtrait nécessaire, les réparations ne pourraient avoir lieu avant cette visite sans une autorisation *par écrit* de l'ingénieur de l'arrondissement.

Dès qu'un accident grave aurait lieu, il devrait toujours y avoir une enquête, puis une instruction, si les fonctionnaires chargés de l'enquête le trouvaient opportun. Dans tous les cas d'abordage, de naufrage ou de délaissement, d'une circonstance entraînant des blessures ou la mort, la mise en jugement serait obligatoire et le capitaine serait tenu, comme en Angleterre, *de déposer son brevet jusqu'à conclusion de ce jugement*. On pourrait déterminer quelques cas parmi les moins graves où une ordonnance de non-lieu pourrait arrêter les poursuites.

Le principe admis par la loi anglaise au sujet des abordages et que nous avons déjà cité, devrait être étendu à tous les accidents. Quelques modifications pourraient être introduites à peu près comme il suit :

« Toutes les fois qu'un dommage quelconque aux propriétés ou aux personnes aura été causé, *même en partie,* par une infraction aux règlements sur les signaux, sur les manœuvres, sur le matériel naval, etc., cette infraction sera réputée *volontaire,* du fait du capitaine ou de l'officier de quart, ou de tous les deux, et punie conformément au code pénal, à moins qu'ils ne puissent prouver qu'ils ont été obligés de violer le règlement pour le salut du navire. Lorsque la nature de ces infractions mettra l'armateur en cause, il sera poursuivi solidairement avec le capitaine, à moins qu'il ne puisse prouver qu'il a fait son possible pour empêcher le délit dont il est accusé. Le jugement constatant un délit entraîne de droit pour le capitaine ou l'officier la suspension temporaire de son brevet ; le jugement constatant un crime entraîne de droit la suppression définitive de ce brevet. »

Ces stipulations peuvent paraître exagérées, surtout en comparaison de ce qui existe encore aujourd'hui pour la marine; mais l'on en sera moins surpris et on sera plus disposé à les admettre, si l'on considère qu'elles ont pour but de punir seulement des actes coupables et de préserver la vie des hommes. Elles sont du reste presque identiques avec celles de la loi pour les délits ou les crimes correspondants commis sur terre.

Nous ne croyons pas avoir à traiter de la responsabilité civile des armateurs ou des capitaines, car elle est déjà contenue en partie dans les législations actuelles. Si l'on adopte les mesures que nous avons proposées, on sera conduit inévitablement à s'en occuper. La loi anglaise fournit quelques bons exemples.

Il serait aussi hors de notre sujet d'entrer dans l'examen de la procédure à suivre et de l'organisation des tribunaux. Il nous suffit de rappeler que dans l'étude à faire on devra reconnaître la nécessité de laisser un rôle influent aux connaissances et aux capacités spéciales, si l'on veut que la loi soit appliquée avec justice et devienne efficace.

XX.

La seule objection qui nous reste à combattre est celle qu'on pourrait faire sur la difficulté d'assurer l'observation des règlements hors des ports de la métropole. Les consuls ne peuvent pas être doublés partout d'un ingénieur; n'est-il pas à craindre que, malgré leur bonne volonté et leurs efforts les plus énergiques, ils soient impuissants à remplir la mission protectrice qui leur serait confiée ? Nous ne partageons pas ces craintes et nous estimons qu'il est possible de rendre leur intervention très-salutaire.

Lorsque les consuls sauront l'importance extrême que les gouvernements attachent à leur action tutélaire sur la sécurité de la navigation maritime et qu'ils auront reçu des instructions positives à ce sujet, ils seront très-disposés à faire ce dont ils ne se mêlaient pas autrefois. Quand ils connaîtront les résultats considérables auxquels ils doivent travailler, leur zèle pour les intérêts nationaux les rendra très-vigilants dans cette partie de leurs attributions, comme dans toutes les autres, spécialement recommandées à leurs soins. L'institution des régistres de bord et des permis de navigation leur permettra de vérifier par eux-mêmes ou par leurs agents les conditions imposées aux navires, au moins aussi bien que le feraient les agents des douanes. Ils préviendront par ce moyen un grand nombre d'abus. Pourquoi n'auraient-ils pas le droit d'empêcher le départ d'un navire tant que les prescriptions du permis ne seraient pas exactement suivies?

Si dans les cas d'accidents quelconques, ils avaient l'ordre de suivre une *instruction judiciaire* provisoire : de se transporter sur les lieux ; d'interroger les témoins avec sévérité ; de se faire aider par les autorités maritimes du pays où ils se trouvent ou par les officiers de la marine militaire ; de dresser des procès-verbaux d'instruction et d'interrogatoires ; de saisir toute pièce à conviction, etc., etc., nous sommes convaincu qu'on arriverait à de très-bons résultats.

Tout commandant d'un navire de guerre devrait être obligé de demander la présentation du permis de navigation aux navires de sa nationalité qu'il rencontrerait, et d'en vérifier l'observation rigoureuse par tous les moyens qu'il jugerait nécessaires. Procès-verbal de cette visite devrait être dressé chaque fois, envoyé au ministère et copié sur le registre de bord du navire visité ; puis signé et timbré par l'officier chargé de ce contrôle. Les pays qui ont des stations sur toutes les mers fréquentées retireraient de grands avantages de cette surveillance qui n'a rien d'exorbitant et qui d'ailleurs rentre directement dans les fonctions auxquelles sont destinées les marines militaires.

Plus la science hydrographique fait de progrès, plus les routes suivies par les navires deviennent uniformes et étroites. Il existe un petit nombre de points d'une étendue fort restreinte où passent invariablement presque tous les navires au long cours envoyés dans les mêmes pays. Ces points peuvent varier de quelques degrés suivant les saisons, mais la variation n'est jamais très-grande. Lorsque les navires de guerre passeraient dans ces parages, ils pourraient en quelques jours de croisière, visiter un certain nombre de bâtiments marchands. On montrerait ainsi qu'on doit s'attendre à rencontrer le contrôle dans les moments les plus imprévus. Les capitaines seraient continuellement sur le qui-vive, car ils seraient exposés à être pris en flagrant délit de contravention presque partout et à chaque instant. Ils seraient moins disposés à compter sur l'impunité, et la gravité des châtiments toujours suspendus sur leur tête serait un motif pour eux de remplir consciencieusement leurs obligations.

Lorsqu'un sinistre serait arrivé dans le voisinage d'un navire de l'État, le commandant devrait avoir l'ordre de se transporter sur les lieux ou d'y détacher un officier afin de faire une enquête ou d'aider le consul dans l'instruction de l'affaire.

Nous avons une dernière idée à proposer. Elle nous paraît utile pour éclairer les gouvernements sur les résultats qu'ils obtiendront en cherchant à reformer la police maritime. L'Angleterre a pensé avec raison qu'elle devait dresser une statistique annuelle des accidents, classés suivant les diverses causes qui les avaient amenés. Nous avons montré l'insuffisance de ces premiers essais. Il serait aisé de former des tableaux types convenables et qui remplaceraient avantageusement les anciens. Ces tableaux donneraient des indications sûres, et seraient d'un puissant secours pour mettre en évidence, soit les défauts existant encore dans la nouvelle loi, soit l'application vicieuse qui en serait faite. Armés de ces chiffres, les gouvernements pourraient trouver chaque année les perfectionnements à apporter dans les règlements établis ou dans l'organisation de la surveillance. Une bonne statistique nous paraît le complément indispensable de la loi, le thermomètre nécessaire pour en étudier l'effet.

XXI.

Nous venons de passer rapidement en revue ce qui est et ce qui devrait être. Les diverses mesures proposées nous paraissent simples et d'une exécution facile. Il faudrait probablement uu petit nombre d'années pour en reconnaître les conséquences favorables. Mais parmi les intérêts attachés au maintien de l'ancien ordre de choses, il en est qui sont jusqu'à un certain point respectables par le fait même d'une longue existence. Les réformes, pour ces intérêts, doivent être conduites avec circonspection. D'autres ne méritent aucune sympathie, ce sont des abus grossiers ; on doit les réprimer sans ménagement et sans délai. Nous proposerions donc de procéder à la réforme, en observant l'ordre qui suit :

On modifierait en premier lieu le code pénal maritime omme nous l'avons indiqué ; on obligerait les capitaines à subir un jugement dans les cas d'accidents graves, et on formulerait une responsabilité civile sérieuse pour les armateurs. Le règlement relatif aux chargements devrait être rendu et appliqué dans toute sa sévérité. De semblables innovations, qui ont uniquement pour but de réprimer des actes coupables, ne doivent pas provoquer une grande résistance.

Les dispositions relatives au matériel et le système des permis de navigation seraient déclarés immédiatement obligatoires pour tous les navires à passagers, quel que fût le nombre des voyageurs, et pour tous les navires qui sortiraient des chantiers quelques années après la promulgation de la nouvelle loi. On les étendrait ensuite successivement à des classes de plus en plus nombreuses de navires.

Quant au contrôle, il serait organisé dès l'origine de la réforme. Peu de fonctionnaires suffiraient d'abord, et on augmenterait leur nombre à mesure qu'une plus grande quantité de bâtiments seraient soumis au régime de la nouvelle loi.

Il nous semble que les diverses branches de l'industrie maritime ne doivent éprouver aucun trouble d'une transformation aussi graduelle. Les intérêts qui s'estimeront lésés ou qui seront gênés dans leur ancienne omnipotence crieront bien à l'injustice; mais ils trouveront peu de sympathie, dès que leur influence nuisible et les abus dont ils profitent, deviendront évidents pour tout le monde. Le résultat des premières enquêtes sur les naufrages, et la publication des statistiques annuelles, éclaireront l'opinion publique. Le pays, habitué peu à peu à l'idée de la réforme, comprendra, demandera même les mesures qu'elle exige.

PARIS. — IMPRIMERIE DE Mme Ve BOUCHARD-HUZARD, RUE DE L'ÉPERON, 5.

Instruction sur les bois de marine et leur application aux constructions navales, par M. *de Lapparent*, ingénieur de la marine. 1 vol. in-8 avec figures de bois, accompagné de 42 planches gravées représentant l'emploi des bois et la découpe des arbres, et de 16 planches lithographiées *en couleur*, montrant les qualités et les défauts du bois.

Ouvrage publié par les ordres de S. Exc. M. le ministre de la marine.

Dictionnaire de marine à voiles et à vapeur, par MM. le baron *de Bonnefoux*, capitaine de vaisseau, et *Páris*, contre-amiral. 2 vol. grand in-8, papier grand jésus, accompagnés de 24 planches gravées. 40 fr.

On vend séparément :

Le *Dictionnaire de marine à voiles ;* 2e édition revue et augmentée. 20 fr.

Le *Dictionnaire de marine à vapeur ;* 2e édition considérablement augmentée, 1 très-fort volume grand in-8 de jésus, accompagné de 17 planches gravées, avec des figures sur bois dans le texte. 25 fr.

Ouvrage publié sous les auspices de S. Exc. le Ministre de la Marine.

Cours de navigation et d'hydrographie, par M. *Dubois*, ancien officier de marine, professeur à l'école navale. 1 fort vol. in-8 grand raisin avec de nombreuses figures intercalées dans le texte, et plusieurs pl. gravées. 15 fr.

Cours d'astronomie et de géométrie céleste, notions de mécanique céleste et sur les marées, à l'usage des officiers de marine, par M. *Dubois*. 1 vol. in-8 grand raisin, avec 200 figures intercalées dans le texte et 4 pl. gravées. 10 fr.

Utilisation économique des navires à vapeur, moyens d'apprécier les services rendus par le combustible suivant la vitesse et la dimension des navires, par M. *E. Páris*, contre-amiral. 1 vol. grand in-8 accompagné de 25 tableaux et 12 grandes planches gravées, exposant les résultats des expériences et du service à la mer des navires. 8 fr.

Mémoire sur la résistance de l'eau au mouvement des corps et particulièrement des **bâtiments de mer**, notions théoriques et fondamentales sur la résistance et formules générales. — Expériences de Beaufoy sur les corps plongés et les corps flottant à fleur d'eau. Expériences de Bossut, d'Alembert et Condorcet sur les corps flottants et sur l'influence des limites du milieu. Mesure de la résistance des carènes des navires par les expériences dynamométriques de remorque, — par les expériences de traction au point fixe, — par la comparaison des coefficients d'utilisation. Vérification des valeurs de la résistance par le calcul et l'observation des coefficients d'avance des bâtiments à hélice, par M. *Bourgois*, capitaine de vaisseau. 1 vol. in-4 vélin accompagné de plusieurs tableaux donnant le résultat de toutes les expériences, et de 3 grandes planches gravées. 12 fr.

Cours élémentaire d'analyse à l'usage de la marine, contenant un très-grand nombre d'applications, par M. *J. Meunier-Joannet*, professeur à l'école navale impériale. 1 vol. in-8° grand raisin, accompagné de nombreuses figures dans le texte. Tableau des formules de trigonométrie. Complément de géométrie et d'algèbre. Notions de géométrie analytique. Dérivées et différentielles. Notions du calcul intégral. Équations diverses et applications. Géométrie à trois dimensions. 10 fr.

Ouvrage approuvé par S. Exc. M. le Ministre de la marine.

Catéchisme du marin et du mécanicien à vapeur, ou traité des machines à vapeur, de leur montage, de leur conduite, de la réparation de leurs avaries, par M. *E. Páris*, contre-amiral ; 2e édition augmentée de la manœuvre des navires à roues à aubes ou à hélice, et d'une grande table. In-8 grand raisin avec de nombreuses figures dans le texte. 16 fr.

Ouvrage publié sous les auspices de S. Exc. M. le ministre de la marine.

Appendice au catéchisme du marin et du mécanicien à vapeur, ou guide théorique du candidat au long cours, rédigé conformément au dernier programme, et description de divers appareils à vapeur avec toutes leurs pièces, par M. *E. Páris*, contre-amiral. In-8 accompagné de 10 pl. gravées, avec plusieurs fig. sur bois. 3 fr. 50 c.

Traité de l'hélice propulsive, par M. *E. Páris*, contre-amiral, auteur du *Dictionnaire de marine à vapeur*. 1 vol. in-8 jésus de 580 pages avec 9 grands tableaux, une table alphabétique et figures dans le texte, accompagné de 16 grandes planches gravées. 22 fr.

Ouvrage publié sous les auspices de S. Exc. M. le ministre de la marine.

Rapport à Son Excellence M. le ministre de la marine sur la navigation commerciale à vapeur de l'Angleterre, suivi de considérations théoriques et pratiques sur les appareils moteurs et les hélices, installation, arrimage et mâture. Historique et statistique de la navigation à vapeur et considérations techniques. Tableaux synoptiques des contrats passés avec le gouvernement pour le transport des malles et des recettes postales qui en dérivent, états du matériel des compagnies anglaises de navigation à vapeur de long cours, et documents divers sur les compagnies transatlantiques anglaises ainsi que sur le cabotage, par M. *Bourgois*, capitaine de vaisseau. 1 vol. in-4 accompagné de 4 grandes planches gravées. 16 fr.

www.ingramcontent.com/pod-product-compliance
Ingram Content Group UK Ltd.
Pitfield, Milton Keynes, MK11 3LW, UK
UKHW022036070726
13613UKWH00002B/538